Racconti in Finlandese

Racconti in Finlandese per principianti e intermedi

Eevi Nieminen

Contenuti

Introduzione

La lettura di una lingua straniera è uno dei modi più efficaci per migliorare le competenze linguistiche e ampliare il vocabolario. Tuttavia, a volte può essere difficile trovare materiali di lettura coinvolgenti e di livello adeguato, che diano una sensazione di realizzazione e di progresso. La maggior parte dei libri e degli articoli scritti per i madrelingua può essere troppo lunga e difficile da capire, oppure può avere un vocabolario di livello molto alto, per cui ci si sente sopraffatti e si rinuncia. Se questi problemi vi suonano familiari, allora questo libro fa per voi!

Racconti Brevi in Finlandese è una raccolta di 25 racconti non convenzionali e divertenti pensati per aiutare gli studenti di livello da principiante a intermedio di Finlandese a migliorare le loro competenze linguistiche.

Questi racconti creano un ambiente di lettura di supporto, includendo;

- Ricchi contenuti linguistici in diversi generi per intrattenere l'utente ed esporlo a una varietà di forme di parole.
- Storie brevi in capitoli per darvi la soddisfazione di finire le storie e progredire rapidamente.
- Testi scritti al vostro livello in modo da essere più facilmente comprensibili e non opprimenti.
- Traduzione italiana a pagine alterne per potervi fare riferimento direttamente riga per riga durante la lettura della storia Finlandese.
- I vocaboli chiave sono stampati in grassetto lungo tutta la storia e la traduzione per aiutare a capire meglio le parole non familiari.

- Domande di comprensione per testare la comprensione degli eventi chiave e per incoraggiare la lettura più approfondita.

Se volete ampliare il vostro vocabolario, migliorare la vostra comprensione o semplicemente leggere per divertimento, questo libro è il più grande passo avanti che farete nei vostri studi quest'anno. I Racconti Brevi in Finlandese vi daranno tutto il supporto di cui avete bisogno, quindi sedetevi, rilassatevi e lasciate correre la vostra immaginazione mentre venite trasportati in un magico mondo di avventura, mistero e intrighi - in Finlandese!

Come utilizzare questo libro

La lettura è un talento difficile da padroneggiare. Nella nostra lingua madre usiamo una serie di micro-abilità per aiutarci a leggere. Ad esempio, possiamo sfogliare un brano per avere una comprensione approssimativa del contenuto. Oppure potremmo sfogliare numerose pagine di un orario ferroviario alla ricerca di un orario o di un luogo specifico. Mentre queste micro-abilità sono una seconda natura quando leggiamo nella nostra lingua madre, la ricerca rivela che spesso dimentichiamo la maggior parte di esse quando leggiamo in una lingua straniera. Quando si impara una lingua straniera, di solito si parte dall'inizio di un testo e lo si sfoglia, cercando di capire ogni singola parola. Inevitabilmente, ci imbattiamo in termini sconosciuti o complessi e ci infastidisce l'incapacità di comprenderli.

Uno dei maggiori vantaggi della lettura di una lingua straniera è quello di essere esposti a un gran numero di frasi ed espressioni che vengono utilizzate nelle situazioni quotidiane. La lettura intensiva è un termine usato per descrivere la lettura per piacere al fine di imparare una lingua. Non è come la lettura di un libro di testo, quando le conversazioni o i testi sono concepiti per essere letti lentamente e con attenzione con l'obiettivo di comprendere ogni parola. La "lettura intensiva" si riferisce alla lettura effettuata per raggiungere obiettivi di apprendimento specifici o per completare compiti. In altre parole, la lettura approfondita dei libri di testo di solito favorisce l'apprendimento di regole grammaticali e di un vocabolario particolare, mentre la lettura intensiva di storie favorisce l'apprendimento del linguaggio

naturale.

I Racconti Brevi in Finlandese vi offriranno l'opportunità
di conoscere meglio la lingua naturale Finlandese in
uso, anche se forse avete iniziato il vostro percorso
di apprendimento delle lingue esclusivamente con
i libri di testo. Ecco alcuni suggerimenti da tenere
a mente mentre leggete le storie di questo libro
per trarne il massimo beneficio: Quando si tratta di
leggere, il divertimento e il senso di realizzazione sono
fondamentali. Si continua a tornare perché ci si diverte
a leggere. Leggere ogni storia dall'inizio alla fine è il
metodo migliore per godersi le storie e sentirsi realizzati.
Di conseguenza, la cosa più importante è arrivare alla
fine di una storia. È più importante che conoscere ogni
singola parola.

Più si legge, più si acquisisce conoscenza. Se si leggono
libri più grandi per piacere, si acquisisce rapidamente
una conoscenza di come funziona la Finlandese. Tuttavia,
tenete presente che per ottenere tutti i benefici della
lettura estensiva, dovete prima leggere un volume
sufficientemente consistente. Leggere qualche pagina
qua e là può insegnare qualche parola nuova, ma non
farà una differenza significativa nel livello generale di
Finlandese.

Accettate il fatto che non riuscirete a comprendere tutto
ciò che leggete in un romanzo. Questo è, senza dubbio,
il punto più cruciale! Ricordate sempre che non capire
tutte le parole o le frasi è assolutamente accettabile.
Non significa che le vostre competenze linguistiche
siano inadeguate o che il vostro rendimento sia scarso.
Indica che state partecipando attivamente al processo di
apprendimento.

Guida alla lettura

Per trarre il massimo beneficio dalla lettura di Racconti Brevi in Finlandese, è meglio seguire questo semplice processo di lettura in sei fasi per ogni capitolo dei racconti:

1. Leggete il titolo del capitolo. Pensate al tema della storia. Poi leggete la storia fino in fondo. Il vostro obiettivo è semplicemente quello di arrivare alla fine della storia. Pertanto, non fermatevi a cercare le parole e non preoccupatevi se ci sono cose che non capite. Cercate semplicemente di seguire la trama.

2. Quando arrivate alla fine della storia, scrutate la traduzione italiana per vedere se avete capito cosa è successo e per cogliere il contesto che vi è sfuggito.

3. Tornate indietro e rileggete la stessa storia. Se volete, potete concentrarvi di più sui dettagli della storia rispetto a prima, ma altrimenti leggete semplicemente un'altra volta.

4. Successivamente, leggete le domande di comprensione in Finlandese per verificare la vostra comprensione degli eventi chiave della storia. Se non capite completamente le domande, non preoccupatevi. Utilizzate le vostre conoscenze per rispondere al meglio.

5. A questo punto dovreste aver compreso gli eventi principali del capitolo. In caso contrario, potreste rileggere il capitolo alcune volte utilizzando la traduzione per controllare le parole e le frasi sconosciute fino a quando non vi sentirete sicuri.

Una volta che siete pronti e sicuri di aver capito cosa è successo - che sia dopo una o più letture della storia - passate alla storia successiva e continuate a godervi la storia al vostro ritmo, proprio come fareste con qualsiasi altro libro.

Solo una volta completata una storia nella sua interezza, si può pensare di tornare indietro e studiare il linguaggio della storia in modo più approfondito, se lo si desidera. Oppure, invece di preoccuparvi di capire tutto, prendetevi del tempo per concentrarvi su ciò che avete capito e congratularvi con voi stessi per quanto avete fatto.

Racconti
in Finlandese

Eevi Nieminen

Helsinki

Aurinko oli laskemassa Helsingin ylle, kun kävelin **kadulla**. Kaupunki oli niin **kaunis** vanhoine rakennuksineen ja mukulakivikatuineen. Minusta tuntui kuin olisin ollut eri maailmassa. Käännyin kulman takaa ja näin taidegallerian kyltin. Päätin mennä sisään, koska rakastan taidetta. Galleria oli pieni, mutta siellä oli todella uskomattomia maalauksia esillä. Yksi maalaus kiinnitti erityisesti huomioni; siinä oli **nainen** kävelemässä kukkapellon läpi. Se näytti niin rauhalliselta ja seesteiseltä. Päädyin viettämään galleriassa tunteja ihaillen kaikkia taideteoksia. Kun lopulta lähdin, ulkona oli jo **pimeää.**

Kun kävelin takaisin hotellille, en voinut olla tuntematta **kiitollisuutta** tästä upeasta kaupungista ja kaikesta siitä, mitä sillä on tarjota. Seuraavana päivänä heräsin aikaisin ja päätin **tutkia** Helsinkiä lisää. Kävelin jonkin aikaa ympäriinsä, ihailin arkkitehtuuria ja katselin nähtävyyksiä. Lopulta päädyin Senaatintorille, jossa on joitakin Helsingin tärkeimpiä rakennuksia. Olin juuri lähdössä, kun näin **ryhmän** ihmisiä kerääntyvän jonkin ympärille. Menin katsomaan, mistä oli kyse, ja näin, että he katselivat hevosella ratsastavan miehen patsasta. Miehen nimi oli Carl Gustaf Emil Mannerheim, ja hän oli merkittävä henkilö Suomen **historiassa**. Jäin sinne

Helsinki

Il sole stava tramontando su Helsinki mentre camminavo per **strada**. La città era così **bella**, con i suoi vecchi edifici e le sue strade di ciottoli. Mi sembrava di essere in un altro mondo. Girando un angolo ho visto l'insegna di una galleria d'arte. Decisi di entrare, dato che amo l'arte. La galleria era piccola, ma esponeva quadri davvero incredibili. Un quadro in particolare ha attirato la mia attenzione: era una **donna** che camminava in un campo di fiori. Sembrava così tranquillo e sereno. Alla fine ho trascorso ore nella galleria, ammirando tutte le opere d'arte. Quando finalmente me ne sono andata, fuori era **buio**.

Mentre tornavo al mio hotel, non potevo fare a meno di sentirmi **grata** per questa fantastica città e per tutto ciò che ha da offrire. Il giorno dopo mi sono svegliata presto e ho deciso di **esplorare** meglio Helsinki. Ho camminato per un po', ammirando l'architettura e le attrazioni turistiche. Alla fine mi sono recata in Piazza del Senato, dove si trovano alcuni degli edifici più importanti di Helsinki. Stavo per andarmene quando ho visto un **gruppo** di persone riunite intorno a qualcosa. Mi sono avvicinata per vedere cosa stesse succedendo e ho visto che stavano guardando la statua di un uomo a cavallo. Si chiamava Carl Gustaf Emil Mannerheim

hetkeksi kuuntelemaan tarinoita, joita ihmiset kertoivat hänestä. Oli kiehtovaa oppia ihmisestä, jolla oli niin suuri vaikutus tähän maahan.

Vietettyäni jonkin aikaa **torilla** päätin käydä syömässä jotain. Löysin söpön pienen kahvilan ja tilasin kupin kahvia ja leivoksen. Kun istuin nauttimassa **välipalaa**, huomasin, että ohi käveli joukko ihmisiä kameroiden kanssa. He olivat selvästi turisteja. Sain yhtäkkiä idean; miksi en esittelisi heille Helsinkiä? Söin ruokani loppuun ja lähestyin ryhmää. He olivat **iloisia** siitä, että joku näytti heille paikkoja, joten vietimme loppupäivän tutustuen kaupunkiin yhdessä. Kävimme kaikenlaisissa paikoissa, kuten kirkoissa, museoissa ja jopa huvipuistossa! Päivä oli niin hauska, ja olen varma, että he muistavat Helsingissä viettämänsä ajan aina minun ansiostani.

ed era una figura importante della **storia** finlandese. Rimasi lì per un po', ascoltando le storie che la gente raccontava su di lui. È stato affascinante conoscere una persona che ha avuto un tale impatto su questo Paese.

Dopo aver trascorso un po' di tempo in **piazza**, ho deciso di mangiare qualcosa. Ho trovato un piccolo e grazioso caffè e ho ordinato una tazza di caffè e un pasticcino. Mentre ero seduto a godermi lo **spuntino**, ho notato un gruppo di persone che camminava con una macchina fotografica. Erano ovviamente turisti. All'improvviso mi è venuta un'idea: perché non mostrargli la città di Helsinki? Ho finito di mangiare e mi sono avvicinato al gruppo. Erano **felici** di avere qualcuno che li accompagnasse in giro, così abbiamo trascorso il resto della giornata esplorando insieme la città. Abbiamo visitato ogni sorta di luoghi diversi, tra cui chiese, musei e persino un parco **di divertimenti**! È stata una giornata molto divertente e sono sicura che grazie a me ricorderanno per sempre il loro soggiorno a Helsinki.

Ymmärtämisen kysymykset

1. Mitä kirjailija teki saapuessaan Helsinkiin?

2. Mitä mieltä kirjailija oli kaupungista?

3. Mitä kirjailija teki nähdessään taidegallerian kyltin?

4. Mikä oli kirjailijan suosikkitaulu galleriassa?

5. Miltä kirjailijasta tuntui, kun hän lähti galleriasta?

6. Mitä kirjailija teki seuraavana päivänä?

7. Minne kirjailija meni toisena päivänä?

8. Mitä kirjailija näki ollessaan Senaatintorilla?

9. Mitä kirjailija teki, kun hän sai idean näyttää turisteille paikkoja?

10. Missä paikoissa kirjailija ja turistit kävivät?

Domande di comprensione

1. Che cosa ha fatto l'autrice quando è arrivata a Helsinki?

2. Cosa pensa l'autore della città?

3. Che cosa ha fatto l'autrice quando ha visto l'insegna della galleria d'arte?

4. Qual è il quadro preferito dall'autore nella galleria?

5. Come si è sentita l'autrice quando ha lasciato la galleria?

6. Cosa fece l'autore il giorno dopo?

7. Dove andò l'autore il secondo giorno?

8. Che cosa ha visto l'autrice quando si è recata in Piazza del Senato?

9. Che cosa ha fatto l'autrice quando ha avuto l'idea di portare in giro i turisti?

10. In quali luoghi si sono recati l'autore e i turisti?

Jääkiekko

Kanadassa oli kylmä talvipäivä, ja jäähallissa oli **paljon** ihmisiä luistelemassa ja pelaamassa jääkiekkoa. Heidän joukossaan oli nuori poika nimeltä Timmy, joka rakasti **jääkiekon** pelaamista. Hän oli luistellut siitä asti, kun hän oli osannut kävellä, ja hänen unelmansa oli pelata jonain päivänä NHL:ssä. Timmyn vanhemmat olivat iskostaneet häneen rakkauden jääkiekkoon jo nuoresta pitäen. Hänen isänsä oli pelannut puoliammattilaisena ennen kuin **loukkaantuminen** lopetti hänen uransa, joten hän valmensi Timmyä ja hänen ystäviään paikallisessa joukkueessa. Hänen äitinsä työskenteli areenalla myymässä anniskelumyyntiä, joten hän varmisti aina, että Timmy sai **luistimet** ja mailat. Timmy vietti jokaisen hetken jäällä, kun hän ei ollut koulussa tai tehnyt läksyjä.

Hän luisteli koulun jälkeen tuntikausia pimeään asti, meni sitten kotiin **syömään** ja aloitti kaiken alusta seuraavana päivänä. Hänen taitonsa paranivat nopeasti, kun hän harjoitteli jatkuvasti, mutta jotkut asiat jäivät häneltä edelleen huomaamatta, kuten mailan käsittely puolustajien ympärillä tai tarkat syötöt **pieniin** tiloihin. Yksi asia, joka tuli Timmylle kuitenkin luonnostaan, oli maalien tekeminen. Aina kun oli peli, oli se sitten minkä tasoinen tahansa, hän huomasi tekevänsä pisteitä jatkuvasti paremmin kuin kukaan

Hockey su ghiaccio

Era una fredda giornata d'inverno in Canada e la pista di pattinaggio era **piena** di gente che pattinava e giocava a hockey. Tra loro c'era un ragazzino di nome Timmy, che amava giocare **a hockey**. Pattinava da quando poteva camminare e il suo sogno era quello di giocare un giorno nella NHL. I genitori di Timmy gli avevano inculcato l'amore per l'hockey fin da piccolo. Il padre aveva giocato a livello semi-professionale prima che un **infortunio** ne interrompesse la carriera, quindi allenava Timmy e i suoi amici nella squadra locale. La madre lavorava all'arena come venditrice di biglietti, quindi si assicurava sempre che Timmy avesse accesso a **pattini** e bastoni. Timmy passava ogni momento sul ghiaccio quando non andava a scuola o a fare i compiti.

Dopo la scuola pattinava per ore fino a quando non faceva buio, poi tornava a casa per **cena** e il giorno dopo rifaceva tutto da capo. Le sue capacità stavano migliorando rapidamente grazie al costante allenamento, ma c'erano ancora alcune cose che gli sfuggivano, come la gestione dei bastoni intorno ai difensori o i passaggi precisi in **piccoli** spazi. Una cosa che a Timmy veniva naturale, però, era fare gol. Ogni volta che c'era una partita, a prescindere dal livello, si ritrovava a segnare sempre meglio di chiunque altro. Sembrava che non importava dove tirasse, ma che

muu. Näytti siltä, että riippumatta siitä, mihin hän ampui, se meni sisään. Näin useimmat ihmiset tunsivat hänet nimellä "The Kid Who Scores All The Time". Vaikka he eivät koskaan sanonut sitä suoraan hänen **kasvonsa**, oli joitakin lapsia, jotka ajattelivat tämä lempinimi ei ollut kovin siistiä , koska he näkivät itsensä enemmän "jääkiekkoilijoita" ' eikä vain maalintekijöitä . He moittivat häntä usein siitä, että hän oli hyvä vain yhdessä asiassa, mutta Timmy ei välittänyt; hän rakasti maalien tekemistä **riippumatta siitä,** mitä muut ajattelivat siitä.

Eräänä päivänä Timmyn taidot joutuivat koetukselle pelissä yhtä liigan parhaista joukkueista vastaan. Hänen joukkueensa oli kahden maalin tappiolla, kun kolmatta erää oli jäljellä vain muutama minuutti. Timmy oli jo tehnyt kaksi maalia ottelussa, mutta hänen **joukkuetovereillaan** oli vaikeuksia pysyä toisen joukkueen nopeuden ja taitojen perässä. Ajan loppuessa Timmy otti tilanteen omiin käsiinsä ja luisteli laidasta laitaan, minkä jälkeen hän laukoi rannelaukauksen yläkulmaan ohi maalivahdin **hanskan**. Sitten hän valmisteli toisen maalin täydellisellä syötöllä tasoittaakseen pelin varsinaisen peliajan lopulla. Lisäajalla hän viimeisteli hattutemppunsa tekemällä maalin vielä toisella **läpiajolla**. Kun kaikki oli sanottu ja tehty, Timmyn joukkue voitti 5-4 hänen sankaritekojensa ansiosta. Sinä iltana hän meni kotiin ja haaveili **pelaavansa** jääkiekkoa Madison Square Gardenissa, kuten niin monet suurmiehet ennen häntä.

andasse a segno. Per questo la maggior parte delle persone lo conosceva come "il ragazzo che segna sempre". Anche se non glielo dissero mai direttamente in **faccia**, c'erano alcuni ragazzi che pensavano che questo soprannome non fosse molto bello, perché si vedevano più come "giocatori di hockey" che come semplici marcatori. Spesso gli rimproveravano di essere bravo solo in una cosa, ma a Timmy non importava: amava fare gol **a prescindere da quello** che pensavano gli altri.

Un giorno, le capacità di Timmy furono messe alla prova in una partita contro una delle migliori squadre del campionato. La sua squadra era sotto di due gol a pochi minuti dalla fine del terzo periodo. Timmy aveva già segnato due volte nella partita, ma i suoi **compagni** faticavano a tenere il passo con la velocità e l'abilità dell'altra squadra. Allo scadere del tempo, Timmy ha preso in mano la situazione e ha pattinato da una parte all'altra prima di piazzare un tiro di polso nell'angolo superiore, oltre il **guanto del** portiere. Poi, con un passaggio perfetto, ha segnato un altro gol per pareggiare la partita alla fine dei tempi regolamentari. Nei tempi supplementari, ha completato la sua tripletta segnando su un'altra **fuga**. Alla fine la squadra di Timmy vinse 5-4 grazie al suo eroismo. Quella sera tornò a casa e sognò di **giocare** a hockey al Madison Square Garden, come tanti grandi prima di lui.

Ymmärtämisen kysymykset

1. Millainen sää oli tekstissä kuvattuna päivänä?

2. Missä Timmy oli tarinan tapahtumahetkellä?

3. Mikä oli Timmyn unelma?

4. Kuka valmensi Timmyn jääkiekkojoukkuetta?

5. Miten Timmy vietti vapaa-aikaansa?

6. Mikä lempinimi Timmyllä oli?

7. Miksi jotkut muut lapset eivät pitäneet Timmystä?

8. Mitä tapahtui ottelussa toista joukkuetta vastaan?

9. Miten Timmyn joukkue lopulta voitti pelin?

10. Minne Timmy meni pelin jälkeen?

Domande di comprensione

1. Che tempo faceva il giorno descritto nel testo?

2. Dov'era Timmy quando si svolge la storia?

3. Qual era il sogno di Timmy?

4. Chi ha allenato la squadra di hockey di Timmy?

5. Come passava il tempo libero Timmy?

6. Che soprannome aveva Timmy?

7. Perché Timmy non piaceva agli altri bambini?

8. Cosa è successo nella partita contro l'altra squadra?

9. Come ha fatto la squadra di Timmy a vincere la partita?

10. Dove è andato Timmy dopo la partita?

Mämmi

Mämmi oli aina hieman **erilainen** kuin muut luokkansa lapset. Hänellä oli laaja mielikuvitus ja hän rakasti **haaveilla**. Luokkatoverit pilkkasivat häntä usein, mutta häntä se ei haitannut. Se sai hänet vain päättäväisemmäksi osoittamaan, että he olivat väärässä. Eräänä päivänä Mämmi keksi nerokkaimman idean ikinä: hän aikoi rakentaa aikakoneen! Luotettavan kissansa Snickersin avulla hän ryhtyi keräämään materiaaleja ja kokoamaan rakennelmaa. **Viikkojen** kovan työn jälkeen se oli vihdoin valmis. Mämmi kiipesi sisään ja käynnisti moottorin... mutta mitään ei tapahtunut. Hän nousi ulos katsomaan tarkemmin, kun yhtäkkiä... **aikakone** alkoi toimia!

Hän oli tehnyt sen! Mämmi ei voinut uskoa silmiään, kun hän katseli, miten **maailma** hänen ympärillään muuttui ennen kuin se katosi pimeyteen. Kun hän avasi silmänsä uudelleen, hän huomasi olevansa muinaisessa Egyptissä! Mämmi oli innoissaan siitä, että hän oli **muinaisessa** Egyptissä, eikä hukannut aikaa uuden ympäristönsä tutkimiseen. Hän kiipesi pyramideille, ratsasti kameleilla ja pääsi jopa tapaamaan itse faraon! Mämmin tarina aikakoneen rakentamisesta teki häneen niin suuren vaikutuksen, että hän tarjoutui ottamaan hänet **hovinsa** kunniajäseneksi. Mämmi

Mämmi

Mämmi è sempre stata un po' **diversa** dagli altri bambini della sua classe. Aveva una grande immaginazione e amava **sognare ad occhi aperti**. I suoi compagni di classe la prendevano spesso in giro, ma a lei non importava. Questo la rendeva solo più determinata a dimostrare che si sbagliavano. Un giorno, Mämmi ebbe l'idea più brillante di sempre: avrebbe costruito una macchina del tempo! Con l'aiuto del suo fidato gatto Snickers, si mise al lavoro per raccogliere i materiali e mettere insieme il suo marchingegno. Dopo **settimane** di duro lavoro, la macchina fu finalmente completata. Mämmi si arrampicò all'interno e accese il motore... ma non successe nulla. Scese per dare un'occhiata più da vicino quando improvvisamente... la **macchina** del tempo cominciò a funzionare!

Ce l'aveva fatta! Mämmi non poteva credere ai suoi occhi mentre guardava il **mondo** intorno a lei cambiare prima di svanire nel nero. Quando li ha riaperti, si è ritrovata nell'antico Egitto! Mämmi era entusiasta di essere nell'**antico** Egitto e non perse tempo a esplorare il suo nuovo ambiente. Scalò piramidi, cavalcò cammelli e riuscì persino a incontrare il Faraone in persona! Questi rimase così colpito dalla sua storia di come aveva costruito una macchina del tempo che le offrì di

oli innoissaan eikä malttanut odottaa, että hän voisi kertoa luokkatovereilleen kotona hämmästyttävästä seikkailustaan. Heidän olisi nyt vihdoin **uskottava** häntä!

Kun Mämmi palasi kotiin, hän huomasi yllätyksekseen, että hänen luokkatovereitaan ei enää ollut siellä. Itse asiassa ketään ei ollut siellä ollenkaan. Koko **kaupunki** oli hylätty! Hän käveli hämmentyneenä ympäriinsä, kunnes törmäsi sanomalehteen, joka oli päivätty sinä päivänä, jolloin hän oli lähtenyt. Kävi ilmi, että hänen poissa ollessaan oli puhjennut ydinsota ja kaikki oli evakuoitu. Mämmi ei voinut uskoa sitä. Hän tunsi syyllisyyttä siitä, että oli jättänyt ystävänsä taakseen eikä voinut varoittaa heitä tulevasta. Mutta ehkä... vain ehkä... hän voisi käyttää aikakonettaan palatakseen takaisin ja muuttaakseen historiaa? Mämmi oli lähdössä elämänsä tärkeimmälle matkalle. Hän **hyvästeli** Snickersin ja asetti koordinaatit sille päivälle, jolloin hän lähtisi. Kun aikakone pörräsi käyntiin, hän saattoi vain toivoa, ettei hän ollut liian **myöhässä**.

diventare un membro onorario della sua **corte**. Mämmi era al settimo cielo per l'emozione e non vedeva l'ora di raccontare ai suoi compagni di classe la sua straordinaria avventura. Finalmente avrebbero dovuto **crederle**!

Quando Mämmi tornò a casa, fu sorpresa di scoprire che i suoi compagni di classe non c'erano più. Anzi, non c'era proprio nessuno. L'intera **città** era abbandonata! Camminava stordita, finché non si imbatté in un giornale datato dal giorno in cui era partita. Si scopre che mentre lei era via, era scoppiata una guerra **nucleare** e tutti erano stati evacuati. Mämmi non poteva crederci. Si sentiva in colpa per aver lasciato indietro i suoi amici e per non essere riuscita ad avvertirli di ciò che stava per accadere. Ma forse... solo forse... poteva usare la sua macchina del tempo per tornare indietro e cambiare la storia? Mämmi stava per intraprendere il viaggio più importante della sua vita. **Salutò** Snickers e impostò le coordinate del giorno in cui sarebbe partita. Mentre la macchina del tempo prendeva vita, poteva solo sperare di non essere in **ritardo**.

Ymmärtämisen kysymykset

1. Mikä oli Mämmen kaikkien aikojen nerokkain idea?

2. Miltä Mämmistä tuntui, kun hän sai tietää, että hänen luokkatovereitaan ei enää ollut?

3. Mihin Mämmi oli lähdössä, kun tarina päättyi?

4. Miksi Mämmin luokkatoverit pilkkasivat häntä?

5. Miten Mämmi tapasi faraon?

6. Mitä farao sanoi Mämmille?

7. Mitä Mämmi teki saapuessaan muinaiseen Egyptiin?

8. Mikä oli Mämmen löytämän sanomalehden päiväys?

9. Mikä aiheutti ydinsodan?

10. Mikä oli Mämmen tavoite menemällä ajassa taaksepäin?

Domande di comprensione

1. Qual è stata l'idea più brillante che Mämmi abbia mai avuto?

2. Come si è sentita Mämmi quando ha scoperto che i suoi compagni di classe non c'erano più?

3. Che cosa stava per intraprendere Mämmi quando la storia è finita?

4. Perché i compagni di classe di Mämmi la prendevano in giro?

5. Come ha incontrato Mämmi il Faraone?

6. Cosa disse il faraone a Mämmi?

7. Cosa fece Mämmi quando arrivò nell'antico Egitto?

8. Qual è la data del giornale trovato da Mämmi?

9. Cosa ha causato la guerra nucleare?

10. Qual era l'obiettivo di Mämmi nel tornare indietro nel tempo?

Nokia

Nokian perusti vuonna 1865 Fredrik Idestam
sellutehtaana. Nokia laajeni nopeasti sähköalalle,
ja siitä tuli merkittävä toimija Suomen taloudessa ja
lopulta yksi Suomen suurimmista yrityksistä. Vuonna
1967 Nokia **perusti** oman elektroniikkaosaston,
joka alkoi valmistaa digitaalisia puhelimia ja muita
kulutuselektroniikan laitteita. 1990-luvun alkuun
mennessä Nokiasta oli tullut maailman johtava
matkapuhelinvalmistaja. Vuonna 1998 Nokia toi
markkinoille **vallankumouksellisen** 1100-puhelimen,
josta tuli nopeasti yksi kaikkien aikojen myydyimmistä
puhelimista. 1100-puhelimen menestys johti Nokian
nopeaan kasvuun, ja vuoteen 2005 mennessä Nokia oli
maailman johtava matkapuhelinvalmistaja.

Nokia on edelleen yksi suosituimmista
matkapuhelinmerkeistä, ja sen tuotteita käytetään
kaikkialla maailmassa. Nokian historia on täynnä
innovaatioita ja menestystä. Nokia on ollut
mobiiliteknologian eturintamassa jo vuosia, ja
miljoonat ihmiset ympäri maailmaa käyttävät sen
tuotteita. Nokia on aina ollut yritys, joka on valmis
ottamaan riskejä, ja tämä on johtanut hämmästyttäviin
innovaatioihin. Vuonna 2007 se julkaisi Nokia N95:n,
joka oli yksi ensimmäisistä puhelimista, **joissa oli**

Nokia

Nokia è stata fondata nel 1865 come fabbrica di pasta di legno da Fredrik Idestam. Nokia si espanse rapidamente nel settore dell'**elettricità**, diventando uno dei principali attori dell'economia finlandese e, infine, una delle più grandi aziende della Finlandia. Nel 1967, Nokia ha **creato un** proprio reparto di elettronica, che ha iniziato a produrre telefoni digitali e altri dispositivi elettronici di consumo. All'inizio degli anni '90, Nokia è diventata uno dei principali produttori mondiali di telefoni cellulari. Nel 1998, Nokia lanciò il **rivoluzionario** telefono 1100, che divenne rapidamente uno dei telefoni più venduti di sempre. Il successo del 1100 ha portato a un periodo di rapida crescita per Nokia, che nel 2005 era il primo produttore mondiale di telefoni cellulari.

Oggi Nokia è ancora uno dei marchi più popolari per quanto riguarda i telefoni cellulari e i suoi prodotti sono utilizzati in tutto il mondo. La storia di Nokia è fatta di innovazione e successo. Da molti anni è all'avanguardia nella **tecnologia** mobile e i suoi prodotti sono utilizzati da milioni di persone in tutto il mondo. Nokia è sempre stata un'azienda disposta a rischiare e questo ha portato a innovazioni sorprendenti. Nel 2007 ha lanciato il Nokia N95, uno dei primi telefoni **con** sistema

sisäänrakennettu GPS-järjestelmä. Tämä puhelin oli valtava menestys, ja se lujitti Nokian asemaa mobiiliteknologian **johtavana toimijana.**

Viime vuosina Nokia on kohdannut kovaa **kilpailua** muiden valmistajien taholta, mutta se on silti onnistunut pysymään merkityksellisenä mobiiliteknologian alati muuttuvassa maailmassa. Nokia 8 on **uusin** lippulaivapuhelin, joka on todiste siitä, että Nokia on edelleen voimatekijä, johon on syytä varautua. Nokian tulevaisuus näyttää valoisalta, eikä ole epäilystäkään siitä, etteivätkö he jatkaisi **innovointia** ja yllättäisi meitä uusilla tuotteilla tulevina **vuosina.**

GPS integrato. Questo telefono ha avuto un enorme successo e ha consolidato la posizione di Nokia come **leader** nella tecnologia mobile.

Negli ultimi anni, Nokia ha affrontato una dura **concorrenza** da parte di altri produttori, ma è riuscita comunque a rimanere rilevante nel mondo in continua evoluzione della tecnologia mobile. Il loro **ultimo** telefono di punta, il Nokia 8, è la prova che sono ancora una forza da tenere in considerazione. Il futuro di Nokia è roseo e non c'è dubbio che continuerà a **innovare** e a sorprenderci con nuovi prodotti negli **anni** a venire.

Ymmärtämisen kysymykset

1. Minä vuonna Nokia perustettiin?

2. Millä alalla Nokia laajeni nopeasti perustamisensa jälkeen?

3. Mikä oli Nokian ensimmäinen elektroniikkaosaston tuote?

4. Milloin Nokiasta tuli maailman johtava matkapuhelinvalmistaja?

5. Mikä oli ensimmäinen puhelin, jossa oli sisäänrakennettu GPS-järjestelmä?

6. Mikä on Nokian uusin lippulaivapuhelin?

7. Mikä oli Nokian alkuperäinen tarkoitus?

8. Kuinka monessa maassa Nokian tuotteita käytetään?

9. Miltä Nokian tulevaisuus näyttää?

10. Mikä on ollut Nokian menestynein puhelin?

Domande di comprensione

1. In che anno è stata fondata Nokia?

2. In quale settore Nokia si è espansa rapidamente dopo la sua fondazione?

3. Qual è stato il primo prodotto del reparto elettronico di Nokia?

4. Quando Nokia è diventata il principale produttore di telefoni cellulari al mondo?

5. Qual è stato il primo telefono dotato di un sistema GPS integrato?

6. Qual è l'ultimo telefono di punta di Nokia?

7. Qual era lo scopo originario di Nokia?

8. Quanti Paesi utilizzano i prodotti Nokia?

9. Come si prospetta il futuro per Nokia?

10. Qual è stato il telefono di maggior successo di Nokia?

Saimaan järvi

Aurinko oli laskemassa Saimaan ylle, ja viimeiset
valonsäteet loistivat veden päällä. Se oli kaunis
näky. Yhtäkkiä vedessä roiskui ja siitä alkoi nousta
jotain. Ensin se näytti tukilta, mutta sitten se alkoi
saada **ihmisen** muodon. Se oli ihminen! Hänellä oli
pitkät hiukset ja parta, ja hänellä oli päällään outoja
vaatteita. Mies kiipesi rantaan ja katseli ympärilleen,
aivan kuin hän ei olisi tiennyt, missä hän oli. Sitten hän
näki **naisen** kävelevän yksinään rantaviivaa pitkin.
Mies huusi naista ja pyysi apua. Nainen epäröi ensin,
mutta sitten hän meni miehen luo ja kysyi, mikä hänen
nimensä oli. Mies kertoi naiselle, että hänen nimensä oli
Finnegan ja että hän ei tiennyt, miten hän oli joutunut
tänne tai missä hän edes oli.

Nainen esitteli itsensä Sarahiksi ja tarjoutui viemään
hänet kaupunkiin, jotta hän voisi selvittää, mitä oli
tapahtunut. Sarah vei Finneganin kaupunkiin , ja
he menivät paikalliseen **pubiin** . Siellä Sarah puhui
joidenkin ihmisten kanssa siitä, mitä Finneganille saattoi
tapahtua. He kaikki olivat yhtä mieltä siitä, että kuulosti
siltä, että Finnegan oli jotenkin siirretty toisesta ajasta
tai paikasta . Kukaan ei tiennyt tarkalleen , miten se olisi
voinut tapahtua , mutta kaikki sanoivat , että Saimaan
lähellä kaikki oli mahdollista . Vietettyään jonkin **aikaa**

Lago Saimaa

Il sole stava tramontando sul lago Saimaa e gli ultimi raggi di **luce** illuminavano l'acqua. Era uno spettacolo bellissimo. All'improvviso, si sentì un tonfo nell'acqua e qualcosa cominciò a emergere da essa. All'inizio sembrava un tronco, ma poi cominciò ad assumere forma **umana**. Era un uomo! Aveva i capelli lunghi e la barba e indossava abiti strani. L'uomo salì sulla riva e si guardò intorno, come se non sapesse dove si trovava. Poi vide una **donna** che camminava da sola lungo la riva. L'uomo la chiamò chiedendo aiuto. La donna dapprima esitò, ma poi si avvicinò a lui e gli chiese come si chiamasse. L'uomo le disse che si chiamava Finnegan e che non sapeva come fosse arrivato **qui** o dove si trovasse.

La donna si presentò come Sarah e si offrì di portarlo in città per fargli capire cosa fosse successo. Sarah portò Finnegan in città e andarono al **pub** locale. Lì Sarah parlò con alcune persone di ciò che poteva essere accaduto a Finnegan. Tutti concordarono sul fatto che Finnegan fosse stato trasportato in qualche modo da un altro tempo o luogo. Nessuno sapeva esattamente come potesse essere successo, ma tutti dissero che tutto era possibile vicino al lago Saimaa. Dopo aver trascorso un po' di **tempo** in città, Sarah

kaupungissa , Saara vei Finneganin takaisin kotiinsa , jotta hän voisi levätä ennen kuin yrittää keksiä , miten päästä kotiin itse . Kun he kävelivät **rantaviivaa** pitkin tähtien alla , sekä Saara että Finnegan tunsivat kiitollisuutta sattumanvaraisesta tapaamisesta - sillä kuka tietää, mitä Finnegan-paralle olisi **tapahtunut** ilman sitä?

Seuraavana päivänä Finnegan heräsi ja yritti miettiä, miten hän pääsisi takaisin kotiin. Hän tiesi, ettei se olisi helppoa, mutta hänen oli yritettävä. Hän käveli **rantaviivalle** ja katseli veden yli. Se oli niin laaja ja syvä, eikä hänellä ollut aavistustakaan, mistä edes aloittaa. Hän istuutui **maahan** , nojaten päänsä käsiinsä. Sarah tuli hänen takanaan ja laittoi kätensä hänen olkapäälleen . Hän kertoi auttavansa häntä **kaikin tavoin**, mutta hänkään ei tiennyt, miten aloittaa .

riportò Finnegan a casa sua per farlo riposare prima di cercare di capire come tornare a casa da solo. Mentre camminavano lungo la **riva** sotto le stelle, sia Sarah che Finnegan si sentirono grati per il loro incontro casuale, perché senza di esso, chissà cosa **ne sarebbe stato** del povero Finnegan?

Il giorno dopo, Finnegan si svegliò e cercò di capire come tornare a casa. Sapeva che non sarebbe stato facile, ma doveva provarci. Camminò fino alla **riva** e guardò l'acqua. Era così vasto e profondo e non aveva idea da dove cominciare. Si sedette a **terra**, appoggiando la testa tra le mani. Sarah si avvicinò alle sue spalle e gli mise una mano sulla spalla. Gli disse che lo avrebbe aiutato **come** poteva, ma che anche lei non sapeva come iniziare.

Ymmärtämisen kysymykset

1. Miltä mies näytti, kun hän nousi vedestä?

2. Millaiset olivat miehen vaatteet?

3. Mitä mies teki nähdessään naisen?

4. Mitä pubissa olevat ihmiset sanoivat miehestä?

5. Mitä mieltä Saara oli miehestä?

6. Mitä Finnegan teki herättyään seuraavana päivänä?

7. Miksi Finneganilla oli vaikeuksia?

8. Mitä Sarah sanoi Finneganille?

9. Mitä luulet, että Finneganille tapahtui?

10. Mitä Finneganille olisi tapahtunut, jos hän ei olisi tavannut Sarahia?

Domande di comprensione

1. Che aspetto aveva l'uomo quando è emerso dall'acqua?

2. Come erano i vestiti dell'uomo?

3. Cosa fece l'uomo quando vide la donna?

4. Che cosa hanno detto di quell'uomo le persone nel pub?

5. Che cosa provava Sarah nei confronti di quell'uomo?

6. Cosa fece Finnegan quando si svegliò il giorno dopo?

7. Perché Finnegan era in difficoltà?

8. Cosa disse Sarah a Finnegan?

9. Cosa pensate sia successo a Finnegan?

10. Cosa sarebbe successo a Finnegan se non avesse incontrato Sarah?

Kahvi

Herätyskello soi, ja kävin laiskasti sammuttamassa sen. Murahdin istuessani ja tunsin, etten ollut nukkunut juuri lainkaan. Tästä tulisi **taas** pitkä päivä. Kuin tilauksesta vatsani murisi äänekkäästi ja muistutti minua siitä, etten ollut syönyt illallista edellisenä **iltana.** Aivan, minun on parasta syödä jotain ennen kahvia, tai muuten tästä tulee todella pitkä päivä. Kävelin keittiöön, puoliksi hereillä jo **tuoreen** kahvin tuoksusta, joka leijaili ilmassa. Kämppikseni oli varmaan taas herännyt aikaisin tänään. Hän oli aina niin ärsyttävän pirteä aamulla, kun taas minä pystyin tuskin toimimaan ilman, että kofeiini pumppasi ensin suonissani. Nappasin **kaapista** mukin ja täytin sen höyryävällä mustalla nesteellä ennen kuin otin ison kulauksen.

Ahhh, nyt on parempi. Aloin vihdoin tuntea itseni taas **ihmiseksi** nyt, kun kahvi virtasi elimistössäni. Aika kohdata päivä suoraan! Olin tuskin ehtinyt juoda ensimmäisen kupillisen kahvia, kun pomoni kutsui minut toimistoonsa kokoukseen. Ilmeisesti oli jokin iso **projekti,** joka piti tehdä, ja hän halusi minun johtavan sitä. Yritin keskittyä siihen, mitä hän sanoi, mutta ajattelin vain sitä, kuinka paljon lisää kahvia tarvitsisin, jotta selviäisin tästä päivästä. Kun kokous päättyi, olin jo unohtanut suurimman osan siitä, mitä hän sanoi, mutta

Caffè

La sveglia suonò e io mi avvicinai pigramente per spegnerla. Brontolai quando mi alzai a sedere, sentendomi come se avessi dormito a malapena. Sarebbe stata un'**altra** lunga giornata. Come al momento giusto, il mio stomaco brontolò forte e mi ricordò che non avevo cenato la **sera** prima. Bene, è meglio che mangi prima del caffè, altrimenti sarà una giornata davvero lunga. Entrai in cucina, già mezza sveglia per l'odore di caffè appena **fatto** che aleggiava nell'aria. La mia coinquilina doveva essersi alzata presto anche oggi. Era sempre così fastidiosamente allegra al mattino, mentre io riuscivo a malapena a funzionare senza che la caffeina mi scorresse nelle vene. Presi una tazza dalla **credenza** e la riempii con il liquido nero fumante prima di bere un bel sorso.

Ahhh, così va meglio. Finalmente cominciavo a sentirmi di nuovo **umano**, ora che il caffè scorreva nel mio organismo. Era ora di affrontare la giornata a testa alta! Avevo appena finito di bere la prima tazza di caffè quando il mio capo mi chiamò nel suo ufficio per una riunione. A quanto pareva, c'era un grosso **progetto da** realizzare e voleva che me ne occupassi io. Cercai di concentrarmi su ciò che diceva, ma tutto ciò che riuscivo a pensare era a quanto altro caffè mi servisse

onneksi onnistuin **raapustamaan** muistiin muutamia keskeisiä kohtia. Se kuulosti siltä, että siitä tulisi paljon työtä, mutta **toivottavasti** se olisi lopulta sen arvoista.

Oli miten oli, nyt ei ollut perääntymistä, joten voisin yhtä hyvin aloittaa! Seuraavat viikot olivat kuin sumua, kun työskentelin väsymättä projektin parissa. Jokainen aamu alkoi uudella **mukillisella** kahvia, ja jokainen ilta päättyi siihen, että kaaduin uupuneena sänkyyn. Mutta lopulta, ikuisuudelta tuntuneen ajan jälkeen, kaikki loksahti **kohdalleen,** ja saimme esitellä valmiin tuotteen pomollemme. Hän vaikutti tyytyväiseltä ja antoi minulle jopa **bonuksen,** mikä auttoi lievittämään niiden pitkien työtuntien tuskaa, jotka vietin taukoamatta. Ainakin nyt minulla on varaa ostaa itselleni ylimääräinen pussi kahvipapuja!

per affrontare la giornata. Quando la riunione finì, avevo
già dimenticato la maggior parte delle sue parole,
ma per fortuna riuscii a **scarabocchiare** alcuni punti
chiave. Sembrava che ci sarebbe stato molto lavoro,
ma **si sperava che** alla fine ne sarebbe valsa la pena.

In ogni caso, non potevo tirarmi indietro, quindi tanto
valeva iniziare! Le settimane successive furono
confuse, mentre lavoravo instancabilmente al progetto.
Ogni mattina iniziava con un'altra **tazza** di caffè e ogni
sera finiva con me che crollavo a letto esausta. Ma
alla fine, dopo quella che sembrava un'eternità, tutto è
andato a **posto** e abbiamo potuto presentare il prodotto
finito al nostro capo. Sembrava soddisfatto e mi ha
persino dato un **bonus**, che ha contribuito ad alleviare
il dolore di quelle lunghe ore passate a lavorare senza
sosta. Almeno ora posso permettermi di comprarmi un
sacchetto extra **large** di caffè in grani!

Ymmärtämisen kysymykset

1. Mitä päähenkilö tekee herättyään?

2. Miltä päähenkilöstä tuntuu tuleva päivä?

3. Mitä päähenkilön vatsa muistuttaa häntä?

4. Mitä päähenkilö ajattelee kämppiksestään?

5. Miltä päähenkilöstä tuntuu ensimmäisen kahvikupillisen jälkeen?

6. Mitä päähenkilön pomo kertoo heille kokouksessa?

7. Millainen on päähenkilön tunne projektista viikon lopussa?

8. Miten päähenkilö reagoi pomonsa reaktioon valmiiseen projektiin?

9. Millainen on päähenkilön suhtautuminen kahviin nyt?

10. Mitä päähenkilö aikoo tehdä bonuksellaan?

Domande di comprensione

1. Cosa fa il protagonista quando si sveglia?

2. Come si sente il protagonista nei confronti della giornata che sta per iniziare?

3. Cosa ricorda lo stomaco del protagonista?

4. Cosa pensa il protagonista del suo compagno di stanza?

5. Come si sente il protagonista dopo la prima tazza di caffè?

6. Cosa dice il capo del protagonista durante la riunione?

7. Come si sente il protagonista rispetto al progetto alla fine della settimana?

8. Come reagisce il protagonista alla reazione del suo capo al progetto finito?

9. Come si sente ora il protagonista nei confronti del caffè?

10. Cosa pensa di fare il protagonista con il suo bonus?

Sámis

Saamelaiset ovat **vaeltava** kansa, joka on asunut Euroopan arktisilla alueilla vuosisatojen ajan. Heidät tunnetaan ainutlaatuisesta kulttuuristaan ja perinteistään, joihin kuuluvat poronhoito ja shamanismi. Eräänä kylmänä talvipäivänä joukko **saamelaislapsia** leikki leirinsä lähellä, kun he näkivät kaukana jotain outoa. Se oli suuri valkoinen olento, jolla oli sarvet! Lapset eivät olleet koskaan ennen nähneet **mitään** vastaavaa. He juoksivat kertomaan vanhemmilleen, mitä olivat nähneet. Pian koko leiri oli innoissaan. Jotkut sanoivat, että se oli henkieläin, joka tuli käymään heidän luonaan; toiset sanoivat, että se oli vain **peura,** joka oli eksynyt lumimyrskyssä.

Riippumatta siitä, mitä muut ajattelivat, **kaikki** olivat yhtä mieltä siitä, että se oli uskomaton näky! Päivien kuluessa yhä useammat leiriläiset alkoivat nähdä valkoista olentoa. Se näytti seuraavan heitä kaikkialle, minne he menivätkin. Jotkut **vanhimmista** sanoivat, että se oli merkki hengiltä ja että sitä pitäisi kohdella kunnioittavasti. Lapset rakastivat leikkiä sen kanssa ja yrittivät usein ratsastaa sen **selässä**. Mutta vaikka he kuinka yrittivät, he eivät koskaan saaneet sitä kiinni! Olento oli aina aivan ulottumattomissa. Eräänä päivänä, erityisen voimakkaan lumisateen jälkeen,

I Sámi

I Sámi sono un popolo **nomade** che vive da secoli nelle regioni artiche dell'Europa. Sono noti per la loro cultura e le loro tradizioni uniche, che includono l'allevamento di renne e lo sciamanesimo. Un freddo giorno d'inverno, un gruppo di **bambini** Sámi stava giocando vicino al loro campo quando videro qualcosa di strano in lontananza. Era una grande creatura bianca con le corna! I bambini non avevano mai visto **nulla di** simile. Corsero a raccontare ai genitori ciò che avevano visto. Ben presto l'intero accampamento fu in fermento. Alcuni dissero che si trattava di uno spirito animale venuto a far loro visita; altri dissero che era solo un **cervo che si** era perso nella tempesta di neve.

Indipendentemente da ciò che si pensava, **tutti** erano d'accordo nel dire che era uno spettacolo incredibile da vedere! Con il passare dei giorni, sempre più persone nell'accampamento iniziarono a vedere la creatura bianca. Sembrava che li seguisse ovunque andassero. Alcuni **anziani** dissero che era un segno degli spiriti e che dovevano trattarla con rispetto. I bambini amavano giocare con lei e spesso cercavano di salire sul suo **dorso**. Ma per quanto si sforzassero, non riuscivano mai a prenderlo! La creatura era sempre fuori portata. Un giorno, dopo una nevicata particolarmente

valkoinen olento katosi **kokonaan**. Kaikki leiriläiset etsivät sitä kaikkialta, mutta sen olinpaikasta ei löytynyt jälkeäkään. Kaikki olettivat, että se oli vihdoin palannut henkimaailmaan, josta se oli tullutkin.

Muutamaa viikkoa myöhemmin yksi lapsista löysi jotain **outoa** yhdestä porokarsinasta. Karsinaan johti suuria jalanjälkiä, mutta ei yhtään jälkeä, jotka olisivat johtaneet ulos! Voisiko tämä olla todiste siitä, että "valkoinen olento" oli itse asiassa ollut poro koko ajan? Tai kenties jotain vielä oudompaa...? Saamelaiset jatkoivat elämäänsä arktisella alueella, ja vaikka he eivät enää koskaan nähneet valkoista olentoa, se **säilyi** heidän sydämissään ja mielissään. Aina silloin tällöin joku väitti nähneensä sen uudelleen, mutta kukaan ei voinut koskaan olla varma. Olennosta oli ikään kuin **tullut** osa heidän tarinaansa, tarinaa, jota kerrottaisiin **leirinuotion** ääressä tulevien sukupolvien ajan.

abbondante, la creatura bianca scomparve **del tutto**. Tutti nell'accampamento la cercarono in lungo e in largo, ma non c'era traccia di dove fosse andata. Tutti pensarono che fosse finalmente tornata nel mondo degli spiriti da cui proveniva.

Qualche settimana dopo, uno dei bambini trovò qualcosa di **strano** in uno dei recinti delle renne. C'erano grandi impronte che entravano nel recinto, ma non ne uscivano! Potrebbe essere la prova che la "creatura bianca" è sempre stata una renna? O forse qualcosa di ancora più strano...? I Sámi continuarono a vivere nell'Artico e, anche se non videro mai più la creatura bianca, questa **rimase** nei loro cuori e nelle loro menti. Di tanto in tanto, qualcuno affermava di averla vista di nuovo, ma nessuno poteva mai esserne certo. Era come se la creatura fosse **diventata** parte della loro leggenda, una storia che sarebbe stata raccontata intorno al **fuoco per le** generazioni a venire.

Ymmärtämisen kysymykset

1. Mitä ovat saamelaiset?

2. Mitä saamelaiset tekevät?

3. Mitä lapset näkivät?

4. Mitä vanhemmat ajattelivat?

5. Mitä vanhimmat sanoivat?

6. Mitä lapset yrittivät tehdä?

7. Mitä olennolle tapahtui?

8. Mitä yksi lapsista löysi?

9. Mikä oli olento?

10. Mitä tapahtui legendalle?

Domande di comprensione

1. Cosa sono i Sámi?

2. Cosa fanno i Sámi?

3. Cosa hanno visto i bambini?

4. Cosa pensano i genitori?

5. Cosa dissero gli anziani?

6. Cosa hanno cercato di fare i bambini?

7. Cosa è successo alla creatura?

8. Che cosa ha trovato uno dei bambini?

9. Che cos'era la creatura?

10. Cosa è successo alla leggenda?

Poro

Porot olivat kaikki rivissä odottamassa, että joulupukki **valitsisi**, mikä niistä vetäisi rekeä jouluaattona. Kaikki ne halusivat tulla valituksi, mutta vain yksi saattoi olla onnekas voittaja. Lopulta joulupukki tuli ulos ja katsoi kaikkia innokkaita poroja. Hän käveli jonoa pitkin ja tutki jokaisen **huolellisesti**. Porot pidättivät hengitystään toivoen, että heidät valittaisiin. Kun Joulupukki pääsi jonon päähän, hän ei ollut vieläkään tehnyt **päätöstä**. Hän raapi partaansa mietteliäästi ja ilmoitti sitten tarvitsevansa aikaa miettiä asiaa. Pettyneet porot laskivat päätään katsellessaan joulupukin kävelevän pois. Myöhemmin samana iltana Joulupukki palasi ja kertoi heille, että hän oli tehnyt päätöksensä. **Onnekas** poro, joka saisi vetää hänen rekeään, oli... Rudolph!

Kaikki hurrasivat, kun he kuulivat Rudolfin nimen ja **onnittelivat** häntä siitä, että hänet oli valittu näin tärkeään tehtävään. Nyt kun Rudolph oli valittu, muut porot alkoivat olla hieman kateellisia. Ne alkoivat kiusata häntä ja kutsua häntä nimillä kuten "Punanokka" ja "friikki". Rudolph yritti olla välittämättä niistä, mutta se oli vaikeaa. Eräänä päivänä se kuuli, kun jotkut porot puhuivat siitä, miten ne aikoivat tehdä joulupukille tempun. Ne aikoivat piilottaa reen niin, ettei hän löytäisi sitä jouluaattona! Rudolph oli **kauhuissaan**. Hän

Renna

Le renne erano tutte in fila, in attesa che Babbo Natale **scegliesse** quale avrebbe trainato la sua slitta la notte di Natale. Tutte volevano essere scelte, ma solo una poteva essere la fortunata vincitrice. Alla fine Babbo Natale uscì e guardò tutte le renne impazienti. Percorse la fila, ispezionando **attentamente** ognuna di esse. Le renne trattenevano il fiato, sperando di essere scelte. Quando arrivò alla fine della fila, Babbo Natale non aveva ancora preso una **decisione**. Si grattò la barba pensieroso e poi annunciò che aveva bisogno di un po' di tempo per pensarci. Le renne, deluse, abbassarono la testa e guardarono Babbo Natale allontanarsi. Più tardi, quella sera, Babbo Natale tornò e disse loro che aveva preso una decisione. La renna **fortunata** che avrebbe tirato la sua slitta era... Rudolph!

Tutti esultarono quando sentirono pronunciare il nome di Rudolph e si **congratularono con** lui per essere stato scelto per un lavoro così importante. Ora che Rudolph era stato scelto, le altre renne cominciarono a essere un po' gelose. Cominciarono a prenderlo in giro e a chiamarlo con nomi come "naso rosso" e "strambo". Rudolph cercava di ignorarli, ma era difficile. Un giorno sentì alcune renne parlare di come avrebbero fatto uno scherzo a Babbo Natale. Avrebbero nascosto la

tiesi, että hänen oli jotenkin varoitettava joulupukkia. Mutta miten hän voisi tehdä sen jäämättä kiinni? Se ei halunnut muiden porojen tietävän, että se vakoili niitä. Rudolph mietti ja mietti, kunnes lopulta hän keksi **suunnitelman**.

Rudolph odotti, kunnes muut porot olivat nukkumassa, ja hiipi sitten ulos tallista. Hän tiesi, minne joulupukin reki oli **piilotettu,** ja hän aikoi viedä sen takaisin työpajaan. Mutta ensin hänen oli löydettävä Joulupukki. Hän etsi ympäri **kylää,** mutta hänestä ei ollut merkkiäkään missään. Juuri kun Rudolph oli luovuttamassa, hän kuuli eräästä talosta heikon äänen. Se kuulosti siltä kuin joku **itkisi**. Kävi ilmi, että Joulupukki oli sairastunut ja oli kuumeisena vuodepotilaana. Rouva Joulupukki hoiti häntä, mutta hän näytti uupuneelta. Rudolph tunsi sääliä hänen puolestaan ja päätti auttaa **sen sijaan** jakamaan lahjoja jouluaattona.

sua slitta in modo che non potesse trovarla la vigilia di Natale! Rudolph era **inorridito**. Sapeva di dover avvertire Babbo Natale in qualche modo. Ma come poteva farlo senza farsi scoprire? Non voleva che le altre renne sapessero che le stava spiando. Rudolph pensò e ripensò, finché alla fine gli venne in mente un **piano**.

Rudolph aspettò che le altre renne si addormentassero e poi uscì di nascosto dalla stalla. Sapeva dove avevano **nascosto la** slitta di Babbo Natale e l'avrebbe riportata al laboratorio. Ma prima doveva trovare Babbo Natale. Cercò in tutto il **villaggio**, ma non c'era traccia di lui da nessuna parte. Proprio quando Rudolph stava per arrendersi, sentì un suono debole provenire da una delle case. Sembrava che qualcuno stesse **piangendo**. Si scoprì che Babbo Natale si era ammalato ed era costretto a letto con la febbre. La signora Claus si stava prendendo cura di lui, ma sembrava esausta. Rudolph si sentì in colpa per lei e decise di aiutarla a consegnare i regali **la** vigilia di Natale.

Ymmärtämisen kysymykset

1. Missä porot odottivat joulupukkia?

2. Miksi porot olivat kateellisia Rudolfille?

3. Mitä muut porot aikoivat tehdä joulupukille?

4. Miten Rudolph sai selville, missä Joulupukki oli?

5. Miksi Rudolph päätti auttaa lahjojen jakamisessa jouluaattona?

6. Miten muut porot reagoivat, kun he saivat tietää, että Rudolf aikoi auttaa joulupukkia?

7. Mitä rouva Joulupukki ajatteli Rudolfin päätöksestä?

8. Miltä Rudolphista tuntui, kun hän pystyi auttamaan joulupukkia?

9. Mitä luulet, että olisi tapahtunut, jos Rudolf ei olisi löytänyt joulupukkia?

10. Luuletko, että Rudolph nautti siitä, että hän auttoi lahjojen jakamisessa jouluaattona? Miksi vai miksi ei?

Domande di comprensione

1. Dov'erano le renne che aspettavano Babbo Natale?

2. Perché le renne erano gelose di Rudolph?

3. Che cosa avevano intenzione di fare le altre renne a Babbo Natale?

4. Come ha fatto Rudolph a scoprire dove si trovava Babbo Natale?

5. Perché Rudolph ha deciso di aiutare a consegnare i regali la vigilia di Natale?

6. Come reagirono le altre renne quando scoprirono che Rudolph avrebbe aiutato Babbo Natale?

7. Cosa pensava la signora Claus della decisione di Rudolph?

8. Come si è sentito Rudolph quando ha potuto aiutare Babbo Natale?

9. Cosa pensate sarebbe successo se Rudolph non fosse riuscito a trovare Babbo Natale?

10. Pensate che a Rudolph sia piaciuto aiutare a consegnare i regali la vigilia di Natale? Perché o perché no?

Midnight Sun Film Festival

Midnight Sun -elokuvafestivaali on **vuosittainen** tapahtuma, joka järjestetään Sodankylässä. Festivaali järjestetään kesäpäivänseisauksen aikaan, jolloin aurinko ei koskaan laske ja yö pysyy valoisana. Viikon ajan elokuvan ystävät kaikkialta maailmasta saapuvat katsomaan eri genrejä edustavia elokuvia, joita esitetään ympäri kaupunkia pystytetyillä **valkokankailla.** Tänä vuonna päätin tehdä matkan Sodankylään nähdäkseni, mistä kaikesta hälinästä on kyse. En ollut varma, mitä odottaa, mutta odotin innolla vaihtelua tavallisiin **elokuvafestivaaleihin** verrattuna. Heti kun saavuin kaupunkiin, oli selvää, että tästä tulisi erilainen kokemus. Punaisia mattoja tai loistokkaita juhlia ei ollut, vaan ihmiset kulkivat rennosti t-paidoissa ja farkuissa nauttien **lämpimästä** iltailmasta. Pääsin erääseen esityspaikoista ja löysin itselleni istumapaikan läheltä etuosaa.

Tunnelma oli **rento** ja ystävällinen, ja ihmiset juttelivat ystävällisesti ennen esityksen alkua. Kun aurinko alkoi laskea, elokuvat alkoivat pyöriä yksi toisensa jälkeen. Katsoin sekoituksen uutuuselokuvia ja klassikoita, ja

Festival del cinema del sole di mezzanotte

Il Midnight Sun Film Festival è un evento **annuale** che si svolge nella città di Sodankylä, in Finlandia. Il festival si tiene durante il solstizio d'estate, quando il sole non tramonta mai e la notte rimane chiara. Per una settimana, gli amanti del cinema di tutto il mondo vengono a vedere film di diversi generi proiettati sugli **schermi** allestiti in tutta la città. Quest'anno ho deciso di recarmi a Sodankylä per vedere di cosa si trattava. Non sapevo bene cosa aspettarmi, ma ero entusiasta di cambiare ritmo rispetto ai soliti **festival** cinematografici. Non appena sono arrivata in città, è stato chiaro che si sarebbe trattato di un'esperienza diversa. Non c'erano tappeti rossi o feste glamour; al contrario, la gente si aggirava con disinvoltura in t-shirt e jeans, godendosi l'aria **calda** della sera. Mi diressi verso una delle sale di proiezione e trovai un posto a sedere vicino all'ingresso.

L'atmosfera era **rilassata** e amichevole, con persone che chiacchieravano amabilmente prima dello spettacolo. Quando il sole ha iniziato a calare, i film hanno iniziato a essere proiettati uno dopo l'altro. Ho visto un mix di nuove uscite e di classici, tutti arricchiti dall'**esperienza**

kaikkien elokuvien katsominen keskiyön auringon alla oli ainutlaatuinen **kokemus.** Oli jotain maagista olla pimeyden ympäröimänä ja silti nähdä selvästi; se sai kaiken tuntumaan intensiivisemmältä. Viikko kului elokuvien ja myöhäisillan **keskustelujen** lomassa. Sain uusia ystäviä ja sain unohtumattomia kokemuksia samalla kun nautin parhaista elokuvista, joita olen koskaan nähnyt. Kun nousin lentokoneeseen ja lähdin kotiin, tiesin jo, että palaan ensi vuonna hakemaan **uuden** annoksen Midnight Sunin taikaa.

Vuotta myöhemmin palasin Sodankylään Midnight Sun -elokuvafestivaalin toiselle kierrokselle. Tällä kertaa olin valmistautunut kokemukseen paremmin ja tiesin, mitä odottaa. Jälleen kerran löysin **itseni** uppoutumasta elokuvien ja **ystävyyden** maailmaan, valvoen myöhään yöhön asti katsomassa elokuvia ja keskustelemassa niistä uusien ystävien kanssa. Midnight Sun -elokuvafestivaaleista on tullut yksi suosikkitapahtumistani vuosittain. Se on ainutlaatuinen tilaisuus nähdä hienoja elokuvia unohtumattomassa ympäristössä, jossa on ihmisiä, jotka **rakastavat** elokuvia yhtä paljon kuin minä. Jos et ole vielä kokenut sitä itse, suosittelen lämpimästi tekemään matkan Sodankylään ainakin kerran; et tule katumaan!

unica di guardarli sotto il sole di mezzanotte. C'era qualcosa di magico nell'essere circondati dall'oscurità pur riuscendo a vedere chiaramente; rendeva tutto più intenso. La settimana è volata via in un turbinio di film e **conversazioni** notturne. Ho fatto nuove amicizie e vissuto esperienze indimenticabili, il tutto godendo di alcuni dei migliori film che abbia mai visto. Mentre salivo a bordo del mio aereo per tornare a casa, sapevo già che sarei tornata l'anno prossimo per **un'altra** dose di magia di Midnight Sun.

Un anno dopo, sono tornata a Sodankylä per un'altra edizione del Midnight Sun Film Festival. Questa volta ero più preparata all'esperienza e sapevo cosa aspettarmi. Ancora una volta, **mi** sono trovata immersa in un mondo di film e **amicizia**, rimanendo sveglia fino a tarda notte per guardare film e parlarne con nuovi amici. Il Midnight Sun Film Festival è diventato uno dei miei eventi annuali preferiti. È un'occasione unica per vedere grandi film in un ambiente indimenticabile, circondati da persone che **amano il** cinema quanto me. Se non l'avete ancora vissuto in prima persona, vi consiglio vivamente di recarvi a Sodankylä almeno una volta; non ve ne pentirete!

Ymmärtämisen kysymykset

1. Mikä on Midnight Sun -elokuvafestivaali?

2. Milloin Midnight Sun Film Festival järjestetään?

3. Missä Midnight Sun Film Festival järjestetään?

4. Millainen sää on Midnight Sun Film Festivalin aikana?

5. Millaisia vaatteita ihmiset käyttävät Midnight Sun -elokuvafestivaaleilla?

6. Millainen ilmapiiri Midnight Sun -elokuvafestivaaleilla vallitsee?

7. Millaisia elokuvia Midnight Sun -elokuvafestivaaleilla esitetään?

8. Miten elokuvien katsominen keskiyön auringon alla parantaa kokemusta?

9. Mitä mieltä kirjailija on Midnight Sun -elokuvafestivaalista?

10. Suosittelisiko kirjoittaja Midnight Sun -elokuvafestivaalia muille?

Domande di comprensione

1. Che cos'è il Midnight Sun Film Festival?

2. Quando si svolge il Midnight Sun Film Festival?

3. Dove si svolge il Midnight Sun Film Festival?

4. Che tempo fa durante il Midnight Sun Film Festival?

5. Che tipo di abbigliamento indossano le persone al Midnight Sun Film Festival?

6. Che atmosfera si respira al Midnight Sun Film Festival?

7. Che tipo di film vengono proiettati al Midnight Sun Film Festival?

8. In che modo la visione di film sotto il sole di mezzanotte migliora l'esperienza?

9. Cosa pensa l'autore del Midnight Sun Film Festival?

10. L'autore consiglierebbe il Midnight Sun Film Festival ad altri?

Ahvenanmaan saaristo

Ahvenanmaan saaristo on Itämerellä sijaitseva saariryhmä. Saaristossa elää monenlaista **luontoa**, kuten hylkeitä, delfiinejä ja valaita. Myös ihmiset ovat asuttaneet saaria vuosisatojen ajan, ja kulttuuri on rikas perinteineen. Yksi Ahvenanmaan saaristolle ominainen perinne on lahjojen antaminen juhannusaattona. Tänä yönä sanotaan, että keijut tulevat ulos tanssimaan ja leikkimään metsiin ja niityille. Jos jätät niille lahjan, ne siunaavat sinua hyvällä onnella. Juhannusaatto osuu joka vuosi 21. kesäkuuta, joten saarelaiset jättävät joka vuosi tänä päivänä pieniä lahjoja, kuten kukkia tai makeisia, eri puolille **kotejaan**. Jotkut ihmiset jättivät jopa pieniä veneitä täynnä ruokaa **uhriksi** näille taikaolennoille.

Lapsena menimme usein yöllä metsään etsimään merkkejä keijujen toiminnasta. Etsimme jalanjälkiä tai kimaltelevia pölypolkuja, jotka johtivat piilotettuihin aukeisiin, joilla arvelimme keijujen tanssivan. Emme tietenkään koskaan nähneet **oikeita** keijuja, mutta se oli silti hauskaa! Eräänä juhannusaattona, kun olin noin 10-vuotias, päätimme ystävieni kanssa jättää keijuille **erityisen** lahjan. Olimme kuulleet, että

Arcipelago di Åland

L'arcipelago di Åland è un gruppo di isole situate
nel Mar Baltico. L'arcipelago ospita una varietà di
animali selvatici, tra cui foche, delfini e balene. Anche
l'uomo abita le isole da secoli e la cultura è ricca di
tradizioni. Una tradizione che è particolarmente unica
nell'arcipelago delle Åland è la **pratica** di fare regali
alla vigilia di mezza estate. Si dice che in questa notte
le fate escano per danzare e giocare nei boschi e nei
prati. Se lasciate un regalo per loro, vi benediranno
con buona fortuna. La vigilia di mezza estate cade il 21
giugno di ogni anno, e così ogni anno in questa data
gli isolani lasciavano piccoli regali come fiori o dolci in
diversi luoghi intorno alle loro **case**. Alcuni lasciavano
anche delle barchette piene di cibo come **offerta** a
queste creature magiche.

Da bambini andavamo spesso nel bosco di notte
alla ricerca di segni di attività delle fate. Cercavamo
impronte o scie di polvere scintillante che portavano a
radure nascoste dove pensavamo potessero danzare.
Naturalmente non vedevamo mai delle **vere** fate, ma
era comunque molto divertente! Una vigilia di mezza
estate, quando avevo circa 10 anni, io e i miei amici

ne pitävät makeisista, joten teimme sokerikeksejä kukkien ja sydämien muotoon. Sitten käärimme ne kauniiseen kankaaseen ja jätimme ne metsäaukean reunalle. Odottelimme hiljaa jonkin aikaa, mutta mitään merkkejä toiminnasta ei näkynyt. Juuri kun olimme valmistautumassa **lähtöön**, kuulimme pusikosta **kahinaa.**

Jähmettyimme paikallemme tietämättä, mitä tehdä. Yhtäkkiä aluskasvillisuudesta ilmestyi kaksi pientä **olentoa,** joilla oli siivet! Ne olivat juuri sellaisia kuin kuvittelimme keijujen näyttävän! Keijut lensivät sinne, missä lahjamme **odottivat,** ja alkoivat avata niitä innokkaasti. Ne näyttivät ilahtuvan lahjastamme ja siunasivat meidät hyvällä onnella ennen kuin lensivät yhdessä yötaivaalle. Se oli **unohtumaton** kokemus, jota tulen aina vaalimaan. Tuon taianomaisen yön jälkeen olen joka vuosi jatkanut perinnettä jättää keijuille lahjoja. Siitä on tullut erityinen osa juhannusjuhlaani. Tiedän, että he arvostavat sitä, ja minusta tuntuu hyvältä, kun voin tehdä heille jotain mukavaa. Jos olet joskus juhannusaattona Ahvenanmaan saaristossa, pidä silmäsi auki näiden vaikeasti tavoitettavien olentojen varalta. Ja kuka tietää, ehkä sinullakin on onnea ja saat **siunauksen** niiltä!

decidemmo di lasciare un regalo **speciale** alle fate. Avevamo sentito dire che a loro piacevano i dolci, così preparammo dei biscotti di zucchero a forma di fiori e cuori. Poi li avvolgemmo in un bel panno e li lasciammo ai margini di una radura del bosco. Abbiamo aspettato in silenzio per un po', ma non c'era alcun segno di attività. Proprio mentre ci stavamo preparando ad **andarcene**, abbiamo sentito **un** fruscio provenire dai cespugli.

Ci bloccammo sul posto, senza sapere cosa fare. All'improvviso, dal sottobosco uscirono due piccole **creature** con le ali! Erano esattamente come avevamo immaginato che fossero le fate! Le fate volarono verso il luogo in cui stavano **aspettando** i nostri doni e iniziarono a scartarli con impazienza. Sembravano felici della nostra offerta e ci hanno benedetto con buona fortuna prima di volare insieme nel cielo notturno. È stata un'esperienza **indimenticabile**, di cui farò sempre tesoro. Da quella magica notte, ogni anno ho continuato la tradizione di lasciare doni alle fate. È diventata una parte speciale delle mie celebrazioni della vigilia di mezza estate. So che loro lo apprezzano e mi fa sentire bene poter fare qualcosa di bello per loro. Se vi trovate nell'arcipelago delle Åland alla vigilia di mezza estate, tenete gli occhi aperti per queste creature sfuggenti. E chissà, forse sarete così fortunati da ricevere una **benedizione** anche da loro!

Ymmärtämisen kysymykset

1. Mikä on Ahvenanmaan saaristo?

2. Millaista villieläimistöä saarilla on?

3. Kuinka kauan ihmiset ovat asuttaneet Ahvenanmaan saaristoa?

4. Mikä on perinne antaa lahjoja juhannusaattona?

5. Miltä keijut näyttävät?

6. Mikä on juhannuksen merkitys?

7. Millaisia lahjoja ihmiset jättävät keijuille?

8. Mitä kirjailija ja hänen ystävänsä tekivät juhannusaattona?

9. Mitä tapahtui, kun kirjailija ja hänen ystävänsä jättivät lahjan keijuille?

10. Arvostavatko keijut heille jätettyjä lahjoja?

Domande di comprensione

1. Che cos'è l'arcipelago delle Åland?

2. Che tipo di fauna si trova sulle isole?

3. Da quanto tempo l'uomo abita l'arcipelago delle Åland?

4. Qual è la tradizione di fare regali nella notte di mezza estate?

5. Che aspetto hanno le fate?

6. Qual è il significato della vigilia di mezza estate?

7. Che tipo di regali lasciano le persone alle fate?

8. Che cosa hanno fatto l'autrice e i suoi amici nella notte di mezza estate?

9. Cosa è successo quando l'autrice e le sue amiche hanno lasciato un regalo alle fate?

10. Le fate apprezzano i doni che vengono lasciati per loro?

Rannalla

Auringonnousun jälkeen aallot ovat kovempia ja hiekka vuoroveden yläpuolella on valkoista. Kävelen rannalle ja **ihailen** merta ja aurinkoa. Varpaani tuntevat simpukankuorien urat. Hiekka on kylmää varpaillani. Hymyilen ja jatkan matkaa. Vuorovesi on korkealla, joten minun on oltava varovainen, ettei minua vedetä sisään. Kävelen vesirajaa pitkin ja ihailen merta. Auringonnousu on **kaunis, ja** aallot pauhaavat. Minusta tuntuu niin rauhalliselta. Tulen paikkaan, jossa on kalliopaljastuma. Istun alas ja katselen aaltoja. Vesi on niin sinistä ja taivas on niin **oranssi**. Minusta tuntuu kuin olisin unessa. Suljen silmäni ja kuuntelen vain aaltoja. Istuin siinä pitkään, kunnes kuulin jonkun huutavan nimeäni.

Avaan silmäni ja näen äitini kävelevän minua kohti. Hänellä on huolestunut ilme kasvoillaan. Hymyilen ja vilkutan, ja hän **rentoutuu**. "Ihmettelinkin, minne menit", hän sanoo. "Olen iloinen, että nautit rannasta." Vastaan: "Niin nautin." "Täällä on niin kaunista." "Tiedän", hän sanoo. "Kävin täällä aina, kun olin sinun ikäisesi." "Niinkö?" Kysyn. "Joo", hän vastaa. "Se on erityinen paikka." "Tapasitko täällä koskaan ketään erityistä?" Kysyn. "Olen", hän vastaa hymyillen. "Isäsi." "Niinkö?" Sanon **yllättyneenä**. "Kyllä", hän sanoo. "Meillä oli

In spiaggia

Dopo l'alba, le onde sono più forti e la sabbia sopra
la marea è bianca. Cammino verso la spiaggia,
ammirando il mare e il sole. Le mie dita dei piedi
sentono i solchi delle conchiglie. La sabbia è fredda
sulle dita dei piedi. Sorrido e continuo a camminare. La
marea è alta, quindi devo fare attenzione a non farmi
trascinare. Cammino lungo la riva, ammirando il mare.
L'alba è **bellissima** e le onde si infrangono. Mi sento
così in pace. Arrivo a un punto in cui c'è una roccia
affiorante. Mi siedo e guardo le onde. L'acqua è così
blu e il cielo è così **arancione**. Mi sembra di essere in
un sogno. Chiudo gli occhi e ascolto le onde. Rimasi
seduto lì per molto tempo, finché non sentii qualcuno
che chiamava il mio nome.

Apro gli occhi e vedo mia madre che viene verso
di me. Ha un'espressione preoccupata. Le sorrido
e la saluto, e lei **si rilassa**. "Mi chiedevo dove fossi
andata", dice. "Sono contenta che ti stia godendo la
spiaggia". Io rispondo: "Lo sto facendo". "È così bello
qui". "Lo so", dice. "Venivo sempre qui quando avevo
la tua età". "Davvero?" Chiedo. "Sì", risponde. "È
un posto speciale". "Hai mai incontrato qualcuno di
speciale qui?". Le chiedo. "Sì", risponde sorridendo.
"Tuo padre". "Davvero?" Dico, **sorpreso**. "Sì", dice

tapana tulla tänne koko ajan yhdessä. Rakastuimme täällä. " Hymyilen ja **kuvittelen** vanhempieni rakastuvan tällä kauniilla rannalla. "Se on erityinen paikka", hän toistaa. "Olen iloinen, että tulit tänne tänään."

Istumme siinä vielä hetken aikaa ja **katselemme** aaltoja ja auringonlaskua. Sitten nousemme ylös ja kävelemme takaisin rantapyyhkeillemme. Minä makaan ja katselen tähtiä. Tunnen itseni niin onnelliseksi ja tyytyväiseksi. Aallot ovat nyt kovempia, ja hiekka on kylmää. Aurinko laskee ja viileä tuuli puhaltaa. Aallot iskeytyvät rantaan, ja ilmassa on suolan tuoksu. On täydellinen ilta olla rannalla. Kävelen rantaa pitkin, **kuuntelen** aaltojen kohinaa ja katselen auringonlaskua. Näen ryhmän ihmisiä istumassa hiekalla, nauramassa ja vitsailemassa. He näyttävät pitävän hauskaa. Kävelen heidän luokseen ja kysyn, voinko liittyä heidän seuraansa. He suostuvat, ja vietämme loppuillan jutellen, nauraen ja **auringonlaskua** katsellen. Se on täydellinen ilta. Juttelemme ryhmän kanssa auringonlaskuun asti. Jaamme tarinoita ja vitsejä, ja meillä kaikilla on hauskaa. Kun ilta alkaa laskea, meitä kaikkia alkaa väsyttää. Annamme toisillemme **jäähyväissuukon** ja eroamme toisistamme. Kävelen takaisin hotellille onnellisena ja tyytyväisenä. En voi uskoa, miten ihanaa täällä on. Olen niin onnekas, että olen saanut **kokea** sen.

lei. "Venivamo sempre qui insieme. È qui che ci siamo
innamorati. "Sorrido, **immaginando i** miei genitori che
si innamorano su questa bellissima spiaggia. "È un
posto speciale", ripete. "Sono felice che siate venuti qui
oggi".

Rimaniamo seduti ancora per un po' a **guardare**
le onde e il tramonto. Poi ci alziamo e torniamo ai
nostri teli da mare. Mi sdraio e guardo le stelle. Mi
sento così felice e soddisfatta. Le onde ora sono più
forti e la sabbia è fredda. Il sole sta tramontando e
soffia una brezza fresca. Le onde si infrangono sulla
riva e nell'aria si sente l'odore del sale. È una serata
perfetta per stare in spiaggia. Cammino lungo la
riva, **ascoltando** il suono delle onde e guardando il
tramonto. Vedo un gruppo di persone sedute sulla
sabbia che ridono e scherzano. Sembra che si stiano
divertendo molto. Mi avvicino a loro e chiedo se posso
unirmi a loro. Mi rispondono di sì e passiamo il resto
della serata a parlare, ridere e guardare il **tramonto**.
È una serata perfetta. Io e il gruppo parliamo fino al
tramonto. Condividiamo storie e battute e ci divertiamo
molto. Quando la notte inizia a calare, cominciamo
tutti a sentirci stanchi. Ci **salutiamo** con un bacio e
ci separiamo. Torno al mio hotel, felice e soddisfatta.
Non riesco a credere a quanto sia bello qui. Sono così
fortunata ad averlo **vissuto**.

Ymmärtämisen kysymykset

1. Minne kertoja menee herättyään?

2. Mitä kertoja ihailee kävellessään rannalla?

3. Mitä kertojan on varottava kävellessään rannalla?

4. Mihin kertoja istuu nauttimaan maisemista?

5. Kuinka kauan kertoja istuu siinä?

6. Kenet kertoja näkee avatessaan silmänsä uudelleen?

7. Mitä kertojan äiti sanoo?

8. Mistä kertoja ja hänen tapaamansa ihmiset puhuvat?

Domande di comprensione

1. Dove va la narratrice dopo essersi svegliata?

2. Che cosa ammira la narratrice mentre cammina lungo la spiaggia?

3. A che cosa deve fare attenzione la narratrice mentre cammina lungo la spiaggia?

4. Dove si siede il narratore per godersi il panorama?

5. Per quanto tempo il narratore rimane seduto lì?

6. Chi vede la narratrice quando riapre gli occhi?

7. Cosa dice la madre del narratore?

8. Di che cosa parlano il narratore e le persone che incontra?

Telttailu järvellä

Kävelen kohti järveä ja **ihailen** maiseman
rauhallisuutta. Aurinko paistaa pienelle järvelle ja saa
veden näyttämään kuin lasilevyltä. Ainoa liike on kalan
satunnainen aaltoilu, kun kala **rikkoo** pinnan. Jopa
linnut näyttävät pitävän taukoa helteestä, ja ilmaa
täyttää vain kurjenmurujen ääni. **Yhtäkkiä** rauhan
rikkoo kova roiskahdus. Suuri **kala** on hypännyt
vedestä yrittäen napata sudenkorentoa. Kala ei osu
kohteeseensa ja putoaa takaisin veteen roiskuen. "Vau",
ajattelen itsekseni, "se oli iso kala!". Katsoin ympärilleni
nähdäkseni, oliko kukaan muu nähnyt sitä, mutta
paikalla ei ollut ketään. Minun on kai kerrottava heille,
kun palaan leiriin.

Kuumuus on **painostava**, ja hengittäminen on vaikeaa.
Ilma on paksua ja raskasta, kuin huopa, joka on
kietoutunut ympärillesi. Ainoa helpotus on vesi. Se
on viileää ja virkistävää, kuin kylmä juoma kuumana
päivänä. Vedän syvään henkeä ja sukellan veteen.
Helpotus on välitön, kun viileä vesi ympäröi minut. Uin
pohjaan asti ja sitten takaisin pintaan, tunnen veden
viilentävän kehoani. Jatkan **uintia** kierroksia nauttien
hengähdystauosta kuumuudesta. Jonkin ajan kuluttua
nousen vedestä ja asetun nurmikolle makaamaan, jotta
aurinko voisi kuivattaa kehoni. Suljen silmäni ja vaipun

Campeggio al lago

Cammino verso il lago, **ammirando** la tranquillità della scena. Il sole batte sul piccolo lago, facendo sembrare l'acqua una lastra di vetro. L'unico movimento è l'increspatura occasionale di un pesce **che rompe** la superficie. Anche gli uccelli sembrano prendersi una pausa dal caldo, con il solo suono delle cicale che riempie l'aria. **All'improvviso**, la pace è rotta da un forte tonfo. Un grosso **pesce** è saltato fuori dall'acqua, cercando di catturare una libellula. Il pesce manca il bersaglio e ricade in acqua con un tonfo. "Wow", penso tra me e me, "quello era un pesce grosso!". Mi guardai intorno per vedere se qualcun altro l'avesse visto, ma non c'era nessuno. Immagino che dovrò raccontarlo quando tornerò al campo.

Il caldo è **opprimente** e rende difficile respirare. L'aria è densa e pesante, come una coperta che ti avvolge. L'unico sollievo è l'acqua. È fresca e rinfrescante, come una bibita fresca in una giornata calda. Faccio un respiro profondo e mi immergo nell'acqua. Il sollievo è immediato quando l'acqua fresca mi circonda. Nuoto fino al fondo e poi risalgo in superficie, sentendo l'acqua rinfrescare il mio corpo. Continuo a **nuotare** a vasche, godendomi la tregua dal caldo. Dopo un po' esco dall'acqua e mi sdraio sull'erba, lasciando

uneen, ja **kurjenmiekkojen** ääni tuudittaa minut syvään uneen. Annan auringon paahtaa veden pois iholtani. Tunnen ihoni punoittavan, mutta en välitä. Minulla on liian kuuma välittääkseni.Seuraavaksi huomaan, että aurinko laskee. Taivas on kauniin oranssi, ja siinä on vaaleanpunaisia ja violetteja raitoja. Kuumuus on kadonnut, ja tilalle on tullut viileä **tuulenvire**.

Nousen ylös ja puen vaatteeni takaisin päälleni tuntien itseni virkistyneeksi ja nuoreksi. **Hengitän** syvään viileää ilmaa ja hymyilen. Tuntuu hyvältä olla elossa. Kävelen takaisin leirintäalueelle ja ihailen, miten värit tanssivat taivaalla. Näen leirinuotion palavan kaukana, ja voin haistaa savun ilmassa. Hymyilen ja **nopeutan** vauhtiani. Olen valmis rentoutumaan ja nauttimaan loppuillasta. Kävelen leirintäalueelle ja näen, että kaikki ovat kokoontuneet nuotion ympärille. He **nauravat** ja vitsailevat, ja näen tulen heijastuvan heidän silmissään. Hymyilen ja istahdan ystävieni viereen. On hyvä olla taas täällä. Seuraavana aamuna herään aikaisin ja alan pakata tavaroitani. Olen innokas palaamaan polulle ja jatkamaan matkaani. Hyvästelen ystäväni ja lähden kävelemään pois. Kävellessäni vilkaisen vielä kerran **leirintäaluetta**. Näen nuotion yhä palavan kaukana, ja voin haistaa savun ilmassa. Hymyilen ja nopeutan vauhtiani. Olen valmis jatkamaan **matkaani**.

che il sole asciughi il mio corpo. Chiudo gli occhi e mi addormento, mentre il suono delle **cicale** mi culla in un sonno profondo. Lascio che il sole scrosti l'acqua dalla mia pelle. Sento la pelle arrossarsi, ma non mi importa. Sono troppo accaldato per preoccuparmene. Il cielo è di un bellissimo arancione, con striature di rosa e viola. Il caldo è scomparso, sostituito da una fresca **brezza**.

Mi alzo e mi rivesto, sentendomi rinfrescata e ringiovanita. **Respiro** profondamente l'aria fresca e sorrido. È bello essere vivi. Torno al campeggio, ammirando il modo in cui i colori danzano nel cielo. Vedo il fuoco che arde in lontananza e sento l'odore del fumo nell'aria. Sorrido e **accelero il** passo. Sono pronto a rilassarmi e a godermi il resto della serata. Entro nel campeggio e vedo che tutti sono riuniti intorno al fuoco. **Ridono** e scherzano e posso vedere il fuoco riflesso nei loro occhi. Sorrido e mi siedo accanto ai miei amici. È bello essere tornati. La mattina dopo mi sveglio presto e comincio a raccogliere le mie cose. Sono impaziente di riprendere il cammino e continuare il mio viaggio. Saluto i miei amici e mi incammino. Mentre cammino, do un'ultima occhiata al **campeggio**. Vedo il fuoco ancora acceso in lontananza e sento l'odore del fumo nell'aria. Sorrido e accelero il passo. Sono pronto a continuare il mio **viaggio**.

Ymmärtämisen kysymykset

1. Minne kävelijä on menossa?

2. Millainen sää on?

3. Miltä vesi näyttää?

4. Miten kävelijä reagoi lämpöön?

5. Mitä kala tekee?

6. Miksi kävelijä on yksin?

7. Miltä vesi tuntuu?

8. Miltä kävelijästä tuntuu uinnin jälkeen?

9. Mihin aikaan päivästä kävelijä herää?

10. Minne kävelijä menee, kun hän lähtee leiristä?

Domande di comprensione

1. Dove sta andando il camminatore?

2. Che tempo fa?

3. Che aspetto ha l'acqua?

4. Come reagisce il deambulatore al calore?

5. Cosa sta facendo il pesce?

6. Perché il camminatore è solo?

7. Come si sente l'acqua?

8. Come si sente il camminatore dopo il nuoto?

9. A che ora del giorno si sveglia il deambulatore?

10. Dove va l'ambulante quando lascia il campo?

Talo

Muutin uuteen talooni viime viikolla, ja olen niin **innoissani**! Se on paljon isompi kuin vanha taloni, ja siinä on iso takapiha. En malta odottaa, että pääsen kutsumaan ystäviä grillaamaan ja juhlimaan. Lempiosani on uusi makuuhuoneeni. Se on niin iso ja valoisa, ja minulla on paljon tilaa laittaa kaikki tavarani. Olen todella tyytyväinen uuteen talooni ja uskon, että tulen viihtymään täällä hyvin. Päätin tutkia taloa vähän enemmän. Menin yläkertaan toiseen kerrokseen ja lähdin kulkemaan kohti keittiötä, kun näin seinällä ison mustan hämähäkin! Huusin ja juoksin alakertaan. Olin niin **peloissani**! Mutta muutaman minuutin kuluttua rauhoituin ja päätin mennä takaisin yläkertaan. Pääsin hitaasti keittiöön ja näin, että hämähäkki oli kadonnut. Olin niin helpottunut! Menin takaisin alakertaan ja päätin mennä ulos tutkimaan **takapihaa**. Se oli niin iso! En voinut uskoa sitä. Näin nurkassa keinun ja liukumäen. Näin myös koripalloverkon ja **trampoliinin**. Olin niin innoissani!

En malta odottaa, että pääsen käyttämään kaikkia näitä uusia juttuja. **Naapurit** tulivat ja esittäytyivät. He vaikuttivat todella mukavilta, ja juttelimme jonkin aikaa. He kutsuivat minut ensi viikonloppuna grillijuhliinsa, ja sanoin, että tulen mielelläni. Ensimmäinen viikko

La casa

La settimana scorsa mi sono trasferita nella mia nuova casa e sono così **entusiasta**! È molto più grande di quella vecchia e ha un grande cortile. Non vedo l'ora di invitare gli amici per grigliate e feste. La mia parte **preferita** è la mia nuova camera da letto. È così grande e luminosa e ho molto spazio per mettere tutte le mie cose. Sono molto contenta della mia nuova casa e penso che sarò molto felice qui. Ho deciso di esplorare ancora un po' la casa. Sono salita al secondo piano e ho iniziato a dirigermi verso la cucina quando ho visto un grosso ragno nero sul muro! Ho urlato e sono corsa di sotto. Ero così **spaventata**! Ma dopo qualche minuto mi sono calmata e ho deciso di tornare di sopra. Mi sono avvicinata lentamente alla cucina e ho visto che il ragno non c'era più. Ero così sollevata! Tornai al piano di sotto e decisi di uscire per esplorare il **giardino**. Era così grande! Non potevo crederci. Vidi un'altalena in un angolo e uno scivolo. Vidi anche una rete da basket e un **trampolino**. Ero così eccitato!

Non vedo l'ora di usare tutto questo nuovo materiale. I **vicini sono** venuti e si sono presentati. Sembravano molto gentili e abbiamo parlato per un po'. Mi hanno invitato al loro barbecue il prossimo fine settimana e ho detto che mi sarebbe piaciuto venire. La prima

uudessa talossani oli mahtava, ja olen innoissani
kaikista tulevista uusista seikkailuista. Tänään aion
mennä taas tutkimaan takapihalle ja katsoa, mitä muuta
löydän. Kuka tietää, ehkä löydän jopa jonkin **aarteen**.
En malta odottaa, mitä ensi viikko tuo tullessaan!
Seuraavalla viikolla lähdin taas tutkimaan takapihaa,
ja löysin **salaisen** puutarhan. Se oli niin kaunis! Siellä
oli kukkia kaikkialla ja pieni lampi, jossa oli kaloja. Näin
myös keinun, jota en ollut nähnyt aiemmin. Olin niin
innoissani, kun löysin tämän salaisen puutarhan, enkä
malta odottaa, että pääsen tutkimaan sitä lisää. Se oli
niin **kaunis**!

Kaikkialla oli kukkia ja pieni lampi, jossa oli kaloja.
Näin myös **keinun**, jota en ollut nähnyt aiemmin. Olin
niin innoissani, kun löysin tämän salaisen puutarhan,
enkä malta odottaa, että pääsen tutkimaan sitä lisää.
Rakastin myös uutta huonettani. Se oli niin iso ja
valoisa, ja seinillä oli jo lempibändieni julisteita. Minun
ei edes tarvinnut tuoda omia **huonekalujani, koska**
täällä oli jo sänky, lipasto ja kirjoituspöytä. Tästä tulee
paras vuosi ikinä! Olin hieman hermostunut aloittamaan
uudessa **koulussa, mutta** kaikki uudet naapurini
ovat olleet niin ystävällisiä. Tapasin jopa naapurissa
asuvan tytön, joka lupasi kävellä kanssani kouluun
ensimmäisenä päivänä. Rakastan uutta kotiani, ja olen
niin innoissani uuden elämänvaiheen aloittamisesta!
Huomisesta tulee mahtava!

settimana nella mia nuova casa è stata fantastica e sono entusiasta di tutte le nuove avventure che mi aspettano. Oggi andrò di nuovo a esplorare il cortile per vedere cos'altro riesco a trovare. Chissà, forse troverò anche un **tesoro**. Non vedo l'ora di vedere cosa mi porterà la prossima settimana! La settimana successiva sono andata di nuovo in esplorazione nel cortile e ho trovato un giardino **segreto**. Era così bello! C'erano fiori dappertutto e un laghetto con i pesci. Ho visto anche un'altalena che non avevo mai visto prima. Ero così entusiasta di aver trovato questo giardino segreto e non vedo l'ora di esplorarlo ancora. Era così **bello**!

C'erano fiori dappertutto e un laghetto con dei pesci. Ho anche visto un'**altalena** che non avevo mai visto prima. Ero così entusiasta di aver trovato questo giardino segreto e non vedo l'ora di esplorarlo meglio. Mi è piaciuta molto anche la mia nuova stanza. Era così grande e luminosa e sulle pareti c'erano già i poster delle mie band preferite. Non ho nemmeno dovuto portare i miei **mobili**, perché c'erano già un letto, una cassettiera e una scrivania. Questo sarà l'anno migliore di sempre! Ero un po' nervosa all'idea di iniziare una nuova **scuola**, ma tutti i miei nuovi vicini sono stati così amichevoli. Ho persino conosciuto una ragazza che abita nella casa accanto e ha detto che verrà a scuola con me il primo giorno. Adoro la mia nuova casa e sono così entusiasta di iniziare questo nuovo capitolo della mia vita! Domani sarà fantastico!

Ymmärtämisen kysymykset

1. Missä henkilö asuu?

2. Millaista on asua uudessa talossa?

3. Mikä on henkilön lempiosuus uudessa talossa?

4. Mitä henkilö löysi puutarhasta?

5. Ketkä ovat naapureita?

6. Miltä tuntuivat henkilön ensimmäiset päivät uudessa talossa?

7. Mikä on henkilön lempiosuus uudessa huoneessa?

8. Mitä henkilö aikoo tehdä huomenna?

9. Mikä oli parasta henkilön ensimmäisessä viikossa uudessa talossa?

10. Mitä kaikkea henkilön uudessa huoneessa on?

Domande di comprensione

1. Dove vive la persona?

2. Come si trova la persona nella nuova casa?

3. Qual è la parte preferita della nuova casa?

4. Che cosa ha trovato la persona nel giardino?

5. Chi sono i vicini?

6. Come sono stati i primi giorni nella nuova casa?

7. Qual è la parte preferita della nuova stanza?

8. Che cosa ha intenzione di fare domani?

9. Qual è stata la parte migliore della prima settimana nella nuova casa?

10. Che cosa c'è nella nuova stanza della persona?

Junassa

Juoksin juna-asemalle, mutta olin liian myöhässä. Juna oli jo lähtenyt ilman minua. Olin niin **vihainen** ja **pettynyt** itseeni. Olin suunnitellut meneväni junalla maalla asuvien isovanhempieni luo, mutta nyt minun pitäisi odottaa seuraavaa junaa kokonainen tunti. Päätin sen sijaan kävellä hetken kaupungilla ja yritin unohtaa menetetyn tilaisuuden. Kävellessäni aloin **haaveilla** kaikista niistä paikoista, joihin **junalla** voi päästä. Yhtäkkiä en ollutkaan enää niin järkyttynyt. Suuntasin takaisin asemalle enkä voinut olla huomaamatta suurta punaista, valkoista ja sinistä veturia, joka kurvailee minua kohti. Vasta kun näen **konduktöörin** vilkuttavan minulle ikkunasta, tajuan, että tämä juna on minua varten. Nousen junaan, etsin istumapaikkani ja asetun odottamaan pitkää matkaa.

Kun lähdemme asemalta, en voi olla miettimättä, minne tämä juna vie minut. Vihreiden **peltojen** halki ja sinisten jokien yli, vuorten ja laaksojen ohi, ei voi tietää, minne tämä vanha juna vie. Kun yö alkaa laskeutua, vaipun **rauhalliseen** uneen, jota vaunujen **rytmikäs** liike raiteilla tuudittaa. Kun aamu taas koittaa, avaan silmäni ja huomaan, että olemme saapuneet pikkukaupunkiin jossain keskellä ei mitään. Aurinko kurkistaa juuri horisontin takaa, kun paikalliset alkavat vilskeillä

Sul treno

Corsi alla stazione ferroviaria, ma ero troppo in ritardo. Il treno era già partito senza di me. Mi sentivo così **arrabbiata** e **delusa** con me stessa. Avevo intenzione di prendere il treno per andare a trovare i miei nonni che vivono in campagna, ma ora avrei dovuto aspettare un'ora intera per il treno successivo. Decisi invece di passeggiare un po' per la città, cercando di dimenticare l'occasione persa. Mentre camminavo, ho iniziato a **sognare a occhi aperti** tutti i luoghi in cui il **treno** può portarti. Improvvisamente, non ero più così arrabbiata. Rientro in stazione e non posso fare a meno di notare la grande locomotiva rossa, bianca e blu che si dirige verso di me. Solo quando vedo il **capotreno che** mi saluta dal finestrino capisco che quel treno è per me. Salgo sul treno e trovo il mio posto, sistemandomi per quello che si preannuncia un lungo viaggio.

Mentre usciamo dalla stazione, non posso fare a meno di chiedermi dove mi porterà questo treno. Attraverso **campi** verdi e fiumi blu, passando per montagne e valli, non si sa dove andrà questo vecchio treno. Quando inizia a calare la notte, mi addormento in un sonno **tranquillo**, cullato dal movimento **ritmico** dei vagoni sui binari sottostanti. Quando arriva il mattino, apro gli occhi e scopro che siamo arrivati in una piccola città

pääkadulla; näyttää ihan samalta kuin mikä tahansa päivä täällä, paitsi yksi asia - kaupungintalon lähellä on iso kyltti, jossa lukee "Tervetuloa kyytiin!". Vaikuttaa siltä, että tämä pieni kaupunki on odottanut meitä, vaikka olemme vain tavallinen matkustajajuna, joka on matkalla muualle. Kun jätämme kaupungin jälleen kerran taaksemme ja puksuttelemme kohti ties minne seuraavaksi, hymyilen kaikille ystävällisille kasvoille, jotka vilkuttavat hyvästiksi noista pienistä taloista, jotka sijaitsevat **viljelysmaan** keskellä - on todella hämmästyttävää, miten jokin näennäisen tavallinen asia voi tuoda niin paljon iloa vain kulkemalla ohi. Ja sitten ovat tietenkin **lapset**.

Nojaan veturini ikkunasta ulos. He saavat minut aina tuntemaan itseni niin onnelliseksi kiiltävine silmineen ja leveine virneineen. Vilkutan heille tarmokkaasti takaisin ennen kuin palaan **hyttiini** ja istahdan alas. Päivä on ollut jo pitkä, mutta se ei ole vielä ohi; on vielä muutama tunti aikaa, ennen kuin saavumme lopulliseen **määränpäähämme**. Otan kirjani esiin ja alan lukea, annan junan rytmikkään keinumisen tuudittaa minut rauhalliseen tilaan. Aina välillä vilkaisen ulkona ohi kulkevia maisemia - ne eivät koskaan kyllästy, vaikka näkisin ne kuinka monta kertaa. Lopulta yö alkaa laskeutua ja kaukaisuudessa alkaa näkyä **tuikkivia** valoja; olemme jo lähellä.

nel bel mezzo del nulla. Il sole fa appena capolino all'orizzonte, mentre la gente del posto inizia a girare per la Main Street; sembra un giorno come un altro, tranne che per una cosa: c'è un grande cartello affisso vicino al municipio che recita "Benvenuti a bordo!". Sembra che questa piccola città ci stesse aspettando, anche se siamo solo un normale treno **passeggeri** di passaggio sulla nostra strada. Mentre ci lasciamo ancora una volta la città alle spalle, andando verso chissà dove, sorrido a tutte le facce amichevoli che ci salutano da quelle casette incastonate tra i **campi coltivati:** è davvero incredibile come qualcosa di così apparentemente ordinario possa portare tanta gioia semplicemente passando di lì. E poi, naturalmente, ci sono i **bambini.**

Mi affaccio al finestrino della mia locomotiva. Mi fanno sempre sentire così felice con i loro occhi lucidi e i loro grandi sorrisi. Li saluto energicamente prima di tornare nella mia **cabina** e sedermi. È stata già una lunga giornata, ma non è ancora finita; mancano ancora alcune ore per raggiungere la nostra **destinazione** finale. Tiro fuori il mio libro e inizio a leggere, lasciando che il dondolio ritmico del treno mi culli in uno stato di pace. Di tanto in tanto alzo lo sguardo verso il paesaggio che passa fuori: non diventa mai vecchio, anche se lo vedo tante volte. Alla fine inizia a calare la notte e le luci **scintillanti** cominciano ad apparire in lontananza; ci stiamo avvicinando.

Ymmärtämisen kysymykset

1. Minne juna on menossa?

2. Ketkä matkustavat junassa?

3. Milloin juna lähtee?

4. Miten päähenkilö pääsee junaan?

5. Mistä juna tulee?

6. Minne juna menee seuraavaksi?

7. Milloin matkustajat saapuivat?

8. Miltä päähenkilöstä tuntuu, kun hän myöhästyy junasta?

9. Miten junankuljettaja reagoi nähdessään päähenkilön?

10. Miksi päähenkilö pitää junista?

Domande di comprensione

1. Dove va il treno?

2. Chi viaggia sul treno?

3. Quando parte il treno?

4. Come fa il protagonista a salire sul treno?

5. Da dove viene il treno?

6. Dove è diretto il treno?

7. Quando sono arrivati i passeggeri?

8. Come si sente il protagonista quando perde il treno?

9. Come reagisce il macchinista quando vede il protagonista?

10. Perché al protagonista piacciono i treni?

Ruoanlaitto illallinen

Kello on nyt viisi iltapäivällä, ja kävelen töistä kotiin. Odotan **innolla** rauhallista iltaa kotona kumppanini kanssa. Laitamme yhdessä illallista ja sitten vain rentoudumme loppuillan. Tuntuu hyvältä tietää, ettei minulla ole tänä **iltana** mitään suunnitelmia tai velvollisuuksia. Saavun kotiin, ja kumppanini on jo keittiössä ja alkaa valmistaa illallista. Täällä tuoksuu **ihanalta!** Juttelemme kokatessamme, kerromme toistemme päivistä ja jaamme pieniä tarinoita työelämästä. Keittiö on lempihuoneeni asunnossamme. Rakastan ruoanlaittoa, ja erityisesti rakastan ruoanlaittoa kumppanini kanssa. Meillä on täällä aina niin hauskaa, kun nauramme ja vitsailemme kokkaillessamme. Lisäksi ruoka on aina **uskomatonta**, kun työskentelemme **yhdessä**.

Tänä iltana teemme yhtä kaikkien aikojen suosikkiresepteistäni: parmesaanikanaa. Kumppanini aloittaa paneroimalla kanan, kun minä saan kastikkeen kiehumaan **liedellä**. Työskentelemme yhdessä kuin hyvin öljytty kone, ja ennen pitkää illallinen on valmis tarjoiltavaksi. Istumme pienen keittiön pöydän ääreen **lautaset** täynnä parmesaanikanaa, pastaa ja salaattia. Juomme lasit yhteen ja otamme ensimmäisen suupalan - ja se on **taivaallista!** Kana on rapeaa ulkoa mutta

Cucinare la cena

Sono le 17.00 e sto tornando a casa dal lavoro. Non vedo l'**ora** di passare una serata tranquilla a casa con il mio compagno. Cucineremo insieme la cena e poi ci rilasseremo per il resto della serata. È bello sapere che questa **sera non ho** programmi o obblighi. Arrivo a casa e il mio partner è già in cucina a preparare la cena. C'è un profumo **fantastico** qui dentro! Chiacchieriamo mentre cuciniamo, raccontandoci le nostre giornate e condividendo piccole storie della nostra vita lavorativa. La cucina è la mia stanza preferita del nostro appartamento. Adoro cucinare e soprattutto adoro farlo con il mio compagno. Ci divertiamo sempre molto qui dentro, ridendo e scherzando mentre cuciniamo. Inoltre, il cibo è sempre **incredibile** quando lavoriamo **insieme**.

Stasera prepariamo una delle mie ricette preferite di sempre: il **pollo** alla parmigiana. Il mio collega inizia a impanare il pollo, mentre io faccio cuocere la salsa sul **fuoco**. Lavoriamo insieme come una macchina ben oliata e in poco tempo la cena è pronta da servire. Ci sediamo al tavolo della nostra cucina con i **piatti** colmi di pollo alla parmigiana, pasta e insalata. Facciamo tintinnare i bicchieri e assaggiamo il primo boccone... ed è **paradisiaco**! Il pollo è croccante all'esterno ma succoso all'interno; il sugo è saporito e

mehukasta sisältä; kastike on maukasta ja täydellistä; pasta on kypsää al dente... kaikki maistuu tänä iltana aivan täydelliseltä. Me molemmat tiedämme, että tämä oli yksi niistä illoista, jolloin kaikki vain sopi täydellisesti yhteen, kun **nautimme** herkullisen ateriamme joka ikisen suupalan. Se maistui jopa paremmalta kuin se tuoksui - mikä oli pirun hyvä! Syömme ateriamme suhteellisen nopeasti loppuun, sillä kummallakaan meistä ei ole tänään erityisen nälkä, mutta nautimme kaikessa rauhassa vielä muutaman **lasillisen** viiniä jutellessamme kevyesti tästä ja tuosta aiheesta. Ruoan jälkeen siivoamme nopeasti yhdessä ja siirrymme sitten olohuoneeseen, jossa vietämme jonkin aikaa sohvalla **halailemassa** ja katselemassa televisiota.

Tuntuu niin mukavalta olla lähellä toisiaan pitkän **työpäivän** jälkeen. Tunnen itseni tyytyväiseksi. Vaikka meillä ei ollutkaan tapahtumarikas ilta, oli mukavaa vain viettää aikaa yhdessä ilman, että tarvitsisi lähteä kotoa. Katsoimme elokuvan ja menimme aikaisin nukkumaan, ja olimme **tyytyväisiä** yksinkertaiseen illanviettoon. Tästä on tullut yksi lempipuuhistamme sellaisina iltoina, kun emme halua lähteä ulos - rentoudumme vain kotona ja nautimme toistemme seurasta kotona valmistetun aterian äärellä. On aina mukavaa tietää, että voimme palata tänne pitkän päivän jälkeen ja olla vain oma itsemme.

perfetto; la pasta è cotta al dente... tutto ha un sapore assolutamente perfetto stasera. Sappiamo entrambi che questa è stata una di quelle sere in cui tutto si è unito alla perfezione, mentre **assaporiamo** fino all'ultimo boccone il nostro delizioso pasto. Il sapore era persino migliore del profumo, che era dannatamente buono! Finiamo il pasto relativamente in fretta, visto che oggi nessuno dei due ha particolarmente fame, ma ci prendiamo tutto il tempo necessario per goderci qualche altro **bicchiere di** vino chiacchierando con leggerezza di questo e quell'argomento. Dopo cena, puliamo velocemente insieme e poi ci spostiamo in salotto, dove passiamo un po' di tempo **a coccolarci** sul divano guardando la TV.

È così bello stare vicini dopo una lunga giornata di **lavoro**. Mi sento soddisfatta. Anche se non abbiamo avuto una serata movimentata, è stato bello passare un po' di tempo insieme senza dover uscire di casa. Abbiamo guardato un film e siamo andati a letto presto, sentendoci **soddisfatti** della nostra semplice serata. Questa è diventata una delle cose che **preferiamo** fare nelle sere in cui non vogliamo uscire: rilassarci a casa e goderci la reciproca compagnia con un pasto fatto in casa. È sempre bello sapere che possiamo tornare qui dopo una lunga giornata ed essere semplicemente noi stessi.

Ymmärtämisen kysymykset

1. Mistä kertoja on kotoisin?

2. Mitä kertoja tekee töiden jälkeen?

3. Mitä kertoja syö päivälliseksi?

4. Miksi kertoja pitää keittiöstä?

5. Millaista ruokaa pariskunta valmistaa?

6. Miltä kertojasta tuntuu illan päätteeksi?

7. Mitä pariskunta tekee mieluiten?

8. Mitä pariskunta tekee, kun he väsyvät?

9. Missä he nukkuvat?

10. Miksi kertoja haluaa olla kotona?

Domande di comprensione

1. Da dove viene il narratore?

2. Cosa fa il narratore dopo il lavoro?

3. Cosa mangia il narratore per cena?

4. Perché al narratore piace la cucina?

5. Che tipo di piatto cucina la coppia?

6. Come si sente il narratore alla fine della serata?

7. Qual è la cosa che la coppia preferisce fare?

8. Cosa fa la coppia quando è stanca?

9. Dove dormono?

10. Perché al narratore piace stare a casa?

Kävellen kotiin

Oli **rauhallinen** ilta, kun kävelin töistä kotiin.
Käveliessäni en voinut olla hymyilemättä muistoille.
Tuntui hyvältä olla taas vanhalla asuinalueellani.
Vilkutin muutamalle tutulle ihmiselle, ja he vilkuttivat
takaisin. Oli hyvä olla kotona. Kävelin vanhan kouluni
ohi ja **muistelin** kaikkia niitä hyviä hetkiä, joita minulla
oli ystävieni kanssa. Kävelimme aina yhdessä kotiin ja
puhuimme päivästä. **Joskus** pysähdyimme hakemaan
jäätelöä tai menimme puistoon. Ne olivat parhaita
aikoja. Kaipaan niitä aikoja. Mutta nyt minulla on oma
perhe ja olen tyytyväinen elämääni. Olen iloinen, että
voin muistella noita muistoja ja hymyillä. Ne ovat osa
elämääni, jota tulen aina vaalimaan. Ne olivat parhaita
aikoja. Kaipaan niitä aikoja. Mutta nyt minulla on oma
perhe ja olen tyytyväinen elämääni. Olen iloinen, että
voin muistella noita **muistoja** ja hymyillä. Ne ovat osa
elämääni, jota tulen aina vaalimaan.

Jatkan kävelyä ja ajattelen hyviä aikoja, joita minulla
oli ystävieni kanssa. Tiedän, että näen heidät pian
uudelleen. Suuntaan kohti kotiani ja päätän kävellä
läheisen puiston läpi. Aurinko on laskemassa ja taivas
muuttuu **kauniin** oranssin väriseksi. Puisto on tyhjä,
lukuun ottamatta muutamaa lintua, jotka visertävät

Camminare verso casa

Era una notte **tranquilla** mentre tornavo a casa dal lavoro. Mentre camminavo, non potevo fare a meno di sorridere ai ricordi. Era bello tornare nel mio vecchio quartiere. Salutai alcune persone che conoscevo e loro ricambiarono il saluto. Era bello essere a casa. Passai davanti alla mia vecchia scuola e **ricordai** tutti i bei momenti passati con i miei amici. Tornavamo sempre a casa insieme e parlavamo della nostra giornata. **A volte ci** fermavamo a prendere un gelato o andavamo al parco. Erano i momenti migliori. Mi mancano quei momenti. Ma ora ho la mia famiglia e sono felice della mia vita. Sono felice di poter guardare indietro a quei ricordi e sorridere. Sono una parte della mia vita che conserverò per sempre. Erano i tempi migliori. Mi mancano quei tempi. Ma ora ho la mia famiglia e sono felice della mia vita. Sono felice di poter guardare indietro a quei **ricordi** e sorridere. Sono una parte della mia vita che conserverò per sempre.

Continuo a camminare, pensando ai bei momenti passati con i miei amici. So che li rivedrò presto. Mi dirigo verso casa e decido di passeggiare in un parco lì vicino. Il sole sta tramontando e il cielo sta diventando di un **bel** colore arancione. Il parco è vuoto, a parte

puissa. **Vedän** syvään **henkeä** ja hymyilen. Kun
kävelen puiston läpi, näen tähdenlentotähden leijailevan
taivaalla. Toivon tähdelle jotain ja jatkan kävelyä.
Ajattelen työpäivääni ja sitä, miten **rauhallista** se oli.
Hymyilen itsekseni ja mietin, kuinka onnekas olen,
kun minulla on näin hyvä työ. Kävelen kotiin **tuntien**
viileän yöilman ihollani. Tunnen itseni niin eloisaksi ja
onnelliseksi, kun nautin vain siitä, että kävelen kotiin
rauhallisena iltana.
Olo oli niin hyvä, että aloin **viheltää**. Kävelin muutaman
ihmisen ohi kadulla, mutta he olivat kaikki keskittyneet
omiin asioihinsa.

Käännyin kadunkulmasta kadulle ja näin naapurin
kissan, herra Whiskersin, istuvan kuistillani. Tervehdin
sitä, ja se miautti takaisin. **Avasin** oveni ja menin
sisään. Olin niin onnellinen ollessani kotona. Riisuin
kenkäni ja valmistauduin nukkumaan. Menin sinä yönä
nukkumaan onnellisena ja kiitollisena, sydämeni täynnä
rakkautta. Nukuin sikeästi läpi yön, en murehtinut
mitään. Heräsin levollisesta unesta ja minua **tervehti**
aurinko, joka paistoi sisään ikkunastani. Nousin
sängystä ja venyttelin, hengitin syvään ja tunsin
viileän ilman täyttävän keuhkoni. Kävelin ikkunalleni
ja katsoin ulos, kuulin lintujen visertävän ja **oravien**
leikkivän. Hymyilin ja menin pukeutumaan onnellisena
ja tyytyväisenä.

qualche uccello che cinguetta tra gli alberi. Faccio un **respiro** profondo e sorrido. Mentre cammino nel parco, vedo una stella cadente che attraversa il cielo. Esprimo un desiderio su quella stella e continuo a camminare. Penso alla mia giornata di lavoro e a quanto sia stata **tranquilla**. Sorrido tra me e me, pensando a quanto sono fortunata ad avere un lavoro così bello. Cammino verso casa, **sentendo** l'aria fresca della notte sulla mia pelle. Mi sento così viva e felice, godendomi il semplice atto di tornare a casa in una notte tranquilla.

Mi sentivo così bene che iniziai a **fischiettare**. Passai accanto ad alcune persone per strada, ma tutte si facevano gli affari loro.

Svoltato l'angolo della mia strada, vidi il gatto del mio vicino, Mr. Whiskers, seduto sul mio portico. Lo salutai e lui ricambiò il miagolio. **Aprii la** porta ed entrai. Ero così felice di essere a casa. Mi tolsi le scarpe e mi preparai per andare a letto. Quella sera andai a letto felice e grata, con il cuore pieno d'amore. Dormii profondamente per tutta la notte, senza preoccuparmi di nulla. Mi svegliai da un sonno ristoratore e fui **accolta** dal sole che entrava dalla finestra. Mi alzai dal letto e mi stiracchiai, facendo un respiro profondo e sentendo l'aria fresca riempirmi i polmoni. Mi avvicinai alla finestra e guardai fuori, sentendo gli uccelli cinguettare e gli **scoiattoli** giocare. Sorrisi e andai a vestirmi, sentendomi felice e soddisfatta.

Ymmärtämisen kysymykset

1. Mitä päähenkilö teki, kun tarina alkoi?

2. Mitä päähenkilö ajatteli kävellessään kotiin?

3. Mitä päähenkilöllä oli tapana tehdä ystävien kanssa koulun jälkeen?

4. Mitä päähenkilö kaipaa noista ajoista?

5. Mitä päähenkilö ajattelee nykyisestä elämästään?

6. Mitä päähenkilö tekee, kun hän näkee tähdenlennon?

7. Miltä päähenkilöstä tuntuu, kun hän kävelee kotiin?

8. Mitä päähenkilö tekee, kun hän pääsee kotiin?

9. Miltä päähenkilöstä tuntuu, kun hän herää seuraavana aamuna?

10. Mitä päähenkilö tekee seuraavana päivänä?

Domande di comprensione

1. Cosa stava facendo il protagonista quando è iniziata la storia?

2. A cosa pensava il protagonista mentre tornava a casa?

3. Cosa faceva il protagonista con gli amici dopo la scuola?

4. Cosa manca al protagonista di quei tempi?

5. Cosa pensa il protagonista della sua vita attuale?

6. Cosa fa il protagonista quando vede una stella cadente?

7. Come si sente il protagonista quando torna a casa?

8. Cosa fa il protagonista quando torna a casa?

9. Come si sente il protagonista quando si sveglia la mattina dopo?

10. Cosa fa il protagonista il giorno dopo?

Linna

Perhe oli aina halunnut vierailla vanhassa linnassa **Saksassa,** ja lopulta he tekivät matkan. He eivät olleet **pettyneitä**. Linna oli kaunis, ja he nauttivat sen moniin huoneisiin ja käytäviin tutustumisesta. Ensimmäinen asia, joka heihin iski, oli haju. He löysivät **hometta**, kosteutta ja jotain muuta, mitä he eivät osanneet määritellä. Toinen asia oli ääni. Kiviseinät ovat paksut, mutta ne eivät vaimenta ääntä kokonaan. He kuulivat jokaisen askeleen, jokaisen normaalilla äänellä puhutun sanan ja satunnaisen veden tippumisen **jostain** kaukaa. Kun heidän silmänsä sopeutuivat hämärään valoon, he näkivät ympärillään massiiviset kiviseinät, joista roikkui seinävaatteita riekaleina. He seisoivat valtavassa salissa, jonka korkeaa kattoa tukivat veistetyt pilarit. He ihastuivat myös tornista avautuviin näkymiin, ja lapsilla oli hauskaa juosta ympäriinsä. **Aurinko** oli alkanut laskea, kun he olivat lopettaneet linnan tutkimisen, ja he katuivat, etteivät olleet ottaneet **taskulamppua** mukaan. He päättivät palata takaisin sisäänkäynnille, mutta eksyivät pian. He harhailivat ympäriinsä tuntui tuntikausilta, kunnes lopulta he törmäsivät oveen, joka johti ulos. He jatkoivat matkaa, kunnes he **saapuivat** käytävän päähän ja tulivat mahtavien pariovien eteen. He yrittivät kuinka paljon tahansa, mutta ovet eivät liikkuneet. Ne kolisivat **pahaenteisesti**, mutta eivät

Il castello

La famiglia aveva sempre desiderato visitare un antico castello in **Germania** e finalmente ha intrapreso il viaggio. Non sono rimasti **delusi**. Il castello era bellissimo e si sono divertiti a esplorare le sue stanze e i suoi corridoi. La prima cosa che li colpì fu l'odore. Trovarono **muffa**, umidità e qualcos'altro che non riuscirono a definire con precisione. La seconda cosa è stata il suono. I muri di pietra sono spessi, ma non attutiscono completamente il suono. Sentirono ogni passo, ogni parola pronunciata con voce normale e l'occasionale gocciolio dell'acqua **da qualche parte** in lontananza. Quando i loro occhi si adattarono alla luce fioca, videro le massicce mura di pietra che incombevano intorno a loro, con gli arazzi appesi a **brandelli**. Si trovavano in un'enorme sala con un alto soffitto sostenuto da pilastri scolpiti. Anche a loro piaceva molto la vista che si godeva dalle torrette e i bambini si divertivano un mondo a correre per il parco. Quando finirono di esplorare il castello, il **sole** era già tramontato e si pentirono di non aver portato una **torcia**. Decisero di tornare all'ingresso, ma si persero subito. Vagarono per ore e ore, finché alla fine trovarono una porta che conduceva all'esterno. Proseguirono fino **alla** fine del corridoio e si trovarono davanti a un'imponente serie di doppie porte. Per

liikkuneet senttiäkään. Näytti siltä, että se, joka oli ollut täällä aiemmin, oli varmasti mennyt tästä läpi ja lukinnut ne sisältä. Lopulta he löytävät tien ulos. Helpotus valtaa heidät, kun he astuvat ulos viileään yöilmaan.

Aurinko oli alkanut laskea, ja he **katuivat**, etteivät olleet ottaneet taskulamppua mukaansa. He päättivät palata takaisin sisäänkäynnille, mutta eksyivät pian. He harhailivat ympäriinsä tuntui tuntikausilta, kunnes lopulta he törmäsivät oveen, joka johti **ulos**. Helpotus valtasi heidät, kun he astuivat ulos viileään yöilmaan. Seuraavana iltana he ottivat taskulampun mukaansa, kun he tutkivat loput linnasta. He kävelivät **sisäpihan** läpi ja alas **linnan** muurien takana virtaavalle joelle. Kun he kävelivät ympäriinsä, he alkoivat kuulla outoja ääniä. Se kuulosti siltä, että joku seurasi heitä. He kiihdyttivät vauhtiaan, mutta äänet tulivat kovemmiksi ja lähemmäksi. Perhe juoksi takaisin linnaan niin nopeasti kuin pystyi, ja he olivat helpottuneita nähdessään, ettei **tummaan** viittaan pukeutunut hahmo ollut seurannut heitä.

quanto potessero, le porte non si muovevano. Scricchiolano **minacciosamente**, ma non si muovono di un millimetro. Sembrava che chiunque fosse stato qui prima dovesse essere passato di qui e averle chiuse dall'interno. Alla fine trovano una via d'uscita. Il sollievo li invade mentre escono nell'aria fresca della notte.

Il sole aveva iniziato a tramontare e si **pentirono di non aver** portato una torcia elettrica. Decisero di tornare all'ingresso, ma presto si persero. Vagarono per ore e ore, finché alla fine trovarono una porta che conduceva all'**esterno**. Il sollievo li colse quando uscirono nell'aria fresca della notte. La sera successiva si assicurarono di portare con sé una torcia per esplorare il resto del castello. Attraversarono il **cortile** e scesero fino al fiume che scorreva dietro le mura del **castello**. Mentre camminavano, cominciarono a sentire strani rumori. Sembrava che qualcuno li stesse seguendo. Accelerarono il passo, ma i rumori diventavano sempre più forti e vicini. La famiglia tornò al castello il più velocemente possibile e si accorse con sollievo che la figura con il mantello **scuro** non li aveva seguiti.

Ymmärtämisen kysymykset

1. Mitä perhe teki, kun he eksyivät linnaan?

2. Miltä perheestä tuntui, kun he saivat tietää, että kyseessä oli vain paikallinen mies?

3. Mitä mies teki, minkä vuoksi hänet pidätettiin?

4. Mikä oli miehen tuomio?

5. Mitä ääntä perhe kuuli kävellessään?

6. Missä tummaan viittaan pukeutunut hahmo oli, kun perhe näki hänet?

7. Mitä perhe teki palattuaan huoneeseensa?

8. Milloin perhe lähti taas tutkimaan linnaa?

9. Mikä oli se asia, jota perhe ei osannut selittää?

10. Mitä perhe teki ennen kuin he lähtivät taas tutkimaan linnaa?

Domande di comprensione

1. Cosa fece la famiglia quando si perse nel castello?

2. Come si è sentita la famiglia quando ha scoperto che si trattava solo di un uomo del posto?

3. Che cosa ha fatto l'uomo che lo ha fatto arrestare?

4. Qual è stata la sentenza per l'uomo?

5. Quale rumore ha sentito la famiglia mentre camminava?

6. Dov'era la figura con il mantello scuro quando la famiglia lo vide?

7. Che cosa ha fatto la famiglia quando è tornata nella sua stanza?

8. Quando la famiglia è tornata a esplorare il castello?

9. Qual era la cosa che la famiglia non riusciva a capire?

10. Cosa fece la famiglia prima di tornare a esplorare il castello?

Minun puutarhani

Puutarhani on onnellinen paikkani. Menen sinne joka päivä, satoi tai paistoi, ja vietän aikaa kasvieni hoidossa. Minulla on vähän **kaikkea - vihanneksia**, hedelmiä, kukkia, yrttejä. Minulla on jopa muutama kana, jotka auttavat pitämään tuholaiset loitolla. Aloitan päiväni puutarhassa keräämällä kanojen munat. Sitten tarkastan vihannekset ja varmistan, että ne saavat riittävästi vettä ja aurinkoa. Kitken sängyt ja poimin pois kaikki ötökät, jotka saattavat **hyökätä** kasvien **kimppuun.** Kun **kaikki on hoidettu**, istun alas ja nautin luonnon rauhasta ja hiljaisuudesta.

Olen aina rakastanut viettää aikaa puutarhassani. Luonnon ja sen tarjoaman **kauneuden** ympäröimänä oleminen on jotain erityistä. Minusta se on hyvin rauhallinen ja rauhoittava paikka. Vietän usein aikaa puutarhassani vain rentoutuen ja maisemista nauttien. Nautin myös työskentelystä puutarhassani ja kasvattamisesta. Minulla on melko hyvän kokoinen puutarha, ja tykkään kasvattaa siellä **erilaisia asioita.** Kasvatan kukkia, **vihanneksia** ja yrttejä. Minulla on myös muutama hedelmäpuu, jotka tuottavat herkullisia omenoita, päärynöitä ja luumuja. Viljelyn lisäksi nautin myös siitä, että voin kävellä puutarhassani ja **ihailla** kaikkia niitä erilaisia kasveja ja eläimiä, jotka asuttavat

Il mio giardino

Il mio giardino è il mio luogo felice. Esco ogni giorno, con la pioggia o con il sole, e passo il tempo a curare le mie piante. Ho un po' di **tutto: verdure**, frutta, fiori, erbe aromatiche. Ho anche alcune galline che mi aiutano a tenere lontani i parassiti. Inizio le mie giornate in giardino raccogliendo le uova dalle galline. Poi controllo le verdure, assicurandomi che ricevano acqua e sole a sufficienza. Diserbo le aiuole e rimuovo gli insetti che potrebbero **attaccare** le piante. Una volta sistemato **tutto**, mi siedo e mi godo la pace e la tranquillità della natura.

Ho sempre amato trascorrere del tempo nel mio giardino. C'è qualcosa nell'essere circondati dalla natura e da tutta la **bellezza che** ha da offrire. Trovo che sia un luogo molto tranquillo e rilassante. Spesso trascorro il tempo nel mio giardino rilassandomi e godendomi il paesaggio. Mi piace anche lavorare nel mio giardino e coltivare. Ho un giardino di buone dimensioni e mi piace coltivare **diverse** cose. Coltivo fiori, **verdure** ed erbe aromatiche. Ho anche alcuni alberi da frutto che producono mele, pere e prugne deliziose. Oltre a coltivare, mi piace anche passare il tempo passeggiando nel mio giardino, **ammirando** tutte le piante e gli animali che lo abitano. Negli anni

puutarhaa. Olen viettänyt vuosien varrella monia tunteja työskennellessäni tehdäkseni **puutarhastani** paikan, joka on paitsi kaunis myös toimiva. Rakastan katsella lintujen lentelyä ja kuunnella niiden laulua. Joskus otan jopa kirjan esiin ja luen puutarhassa kaiken luomani kauneuden ympäröimänä. **Puutarhanhoito** on intohimoni, ja se tuo minulle niin paljon iloa. Jokainen päivä puutarhassani on hyvä päivä.

Rakastan muun muassa kokkaamista, joten hyvin varusteltu yrttitarha on minulle hyvin **tärkeä.** Timjami, basilika, oregano, rosmariini, salvia ja laventeli ovat vain muutamia yrttejä, joita haluan kasvattaa puutarhassani, jotta voin käyttää niitä kokatessani aterioita itselleni tai **vieraille.** Toinen asia, joka on minulle tärkeää puutarhassani, on varmistaa, että puutarhassa on runsaasti väriä. Tämän tavoitteen saavuttamiseksi kasvatan monenlaisia kukkia, kuten **ruusuja**, liljoja, päivänkakkaroita, tulppaaneja, impatiineja, kehäkukkia jne. Sen lisäksi, että lisään väriä kukkien avulla, haluan myös lisätä mielenkiintoa käyttämällä erilaisia **kuvioita** puutarhassa. Saatan esimerkiksi istuttaa saniaisia korkeiden auringonkukkien alle tai hostoja piikikkäiden koristeheinien **rinnalle.** Riippumatta siitä, mitä muuta elämässä on meneillään, puutarhassa työskentely auttaa minua aina tuntemaan olevani enemmän yhteydessä luontoon ja rauhassa itseni kanssa.

ho trascorso molte ore a lavorare per rendere il mio **giardino** un luogo non solo bello ma anche funzionale. Mi piace osservare gli uccelli che svolazzano in giro e ascoltarli cantare. A volte tiro fuori un libro e leggo in giardino, circondata da tutta la bellezza che ho creato. Il **giardinaggio** è la mia passione e mi porta tanta gioia. Ogni giorno nel mio giardino è un buon giorno.

Una delle cose che amo fare è cucinare, quindi avere un giardino di erbe aromatiche ben fornito è molto **importante** per me. Timo, basilico, origano, rosmarino, salvia e lavanda sono solo alcune delle erbe che mi piace coltivare nel mio giardino per poterle usare quando cucino per me o per gli **ospiti**. Un'altra cosa importante per me quando si tratta del mio giardino è assicurarmi che ci sia molto colore in tutto il giardino. Per raggiungere questo obiettivo, coltivo una grande varietà di fiori, tra cui **rose**, gigli, margherite, tulipani, impatiens, calendule, ecc. Oltre ad aggiungere colore con i fiori, mi piace anche aggiungere interesse utilizzando diverse **texture** in tutto il giardino. Per esempio, potrei piantare felci sotto imponenti girasoli o hosta **accanto a** spigolose erbe ornamentali. Indipendentemente da ciò che accade nella vita, lavorare nel mio giardino **riesce** sempre a farmi sentire più connessa con la natura e in pace con me stessa.

Ymmärtämisen kysymykset

1. Missä on kirjailijan puutarha?

2. Kuinka monta kanaa kirjailijalla on?

3. Mitä kirjailija tekee puutarhassa joka päivä?

4. Miksi kirjailija pitää puutarhasta?

5. Mitä yrttejä kirjailija istuttaa puutarhaan?

6. Miksi kirjailijalle on tärkeää, että hänen puutarhassaan on monia värejä?

7. Miten kirjailija tuo vaihtelua puutarhaansa?

8. Miltä kirjailijasta tuntuu, kun hän työskentelee puutarhassaan?

9. Mikä saa kirjailijan tuntemaan yhteenkuuluvuutta ollessaan puutarhassaan?

10. Miksi jokainen päivä kirjailijan puutarhassa on hyvä päivä?

Domande di comprensione

1. Dove si trova il giardino dell'autore?

2. Quanti polli ha l'autore?

3. Che cosa fa l'autore in giardino ogni giorno?

4. Perché all'autore piace il giardino?

5. Quali sono le erbe che l'autore pianta nel giardino?

6. Perché è importante per l'autore che ci siano molti colori nel suo giardino?

7. Come fa l'autore a dare varietà al suo giardino?

8. Come si sente l'autore quando lavora nel suo giardino?

9. Cosa fa sentire l'autore in sintonia quando è nel suo giardino?

10. Perché ogni giorno nel giardino dell'autore è un buon giorno?

Ostoksille meno

Rakastan käydä **ostoksilla** ostoskeskuksessa. On aina niin hauskaa kävellä ympäriinsä ja katsella kaikkia eri kauppoja. Kauppakeskuksessa on jokaiselle jotakin, ja sieltä löytää aina hyviä tarjouksia vaatteista, kengistä ja asusteista. Aloitan ostosreissuni **yleensä** kävelemällä ostoskeskuksen **pääsisäänkäynnin** kautta. Sieltä suunnistan ensin suosikkiliikkeisiini. Kun olen käynyt läpi nämä liikkeet, kävelen ympäriinsä ja katson, onko muissa paikoissa meneillään alennusmyyntejä. Vietän ostoskeskuksessa yleensä pari tuntia, ennen kuin lopulta teen ostokseni. Tykkään aina käyttää aikaa ostoksilla käymiseen, **koska** haluan varmistaa, että saan **juuri** sitä, mitä haluan. Lisäksi se on vain hauskempaa niin!

Minusta on aina niin **kiehtovaa** katsella ihmisiä, kun olen ostoskeskuksessa. Ostosten tekotavasta voi todella päätellä paljon ihmisestä. Jotkut ihmiset ovat hyvin järjestelmällisiä ja käyttävät aikaa, kun taas toiset tuntuvat vain nappaavan **kaiken** mahdollisen ja suuntaavan kassalle mahdollisimman nopeasti. On myös niitä ostajia, jotka tuntuvat olevan kiinnostuneempia puhumaan kännykkäänsä tai kirjoittamaan tekstiviestejä kuin katselemaan tavaroita! Olitpa millainen shoppailija tahansa,

Fare shopping

Mi piace andare **a fare shopping al** centro commerciale. È sempre molto divertente passeggiare e guardare tutti i diversi negozi. Al centro commerciale ce n'è per tutti i gusti ed è sempre un ottimo posto per trovare offerte su vestiti, scarpe e accessori. **Di solito** inizio il mio shopping attraversando l'**ingresso** principale del centro commerciale. Da lì, mi dirigo prima verso i miei negozi preferiti. Dopo aver dato un'occhiata a quei negozi, vado in giro a vedere se ci sono saldi in corso in altri posti. Di solito trascorro un paio d'ore nel centro commerciale prima di fare i miei acquisti. Mi piace sempre prendermi il tempo necessario per fare shopping, **perché** voglio essere sicura di acquistare **esattamente** ciò che voglio. In più, così è più divertente!

Trovo sempre molto **affascinante** osservare le persone mentre sono al centro commerciale. Si può capire molto di una persona dal modo in cui fa acquisti. Alcune persone sono molto metodiche e si prendono il loro tempo, mentre altre sembrano prendere **tutto quello che** possono e dirigersi alla cassa il più velocemente possibile. Ci sono anche quelli che sembrano più interessati a parlare al cellulare o a mandare messaggi piuttosto che guardare la merce! A prescindere dal tipo

kaikki tuntuvat nauttivan näyteikkunaostoksista -
vaikka et itse asiassa ostaisikaan mitään. Kauniiden
tavaroiden katseleminen **näyteikkunoista** tekee minut
onnelliseksi. Joskus haaveilen siitä, millaista olisi,
jos minulla olisi varaa **kaikkeen** näkemääni! Kaiken
kaikkiaan päivän viettäminen ostoskeskuksessa on yksi
lempiharrastuksistani. Se on loistava tapa rentoutua
ja rentoutua, ja samalla saa myös vähän liikuntaa (jos
kävelee tarpeeksi paljon). Lisäksi on **aina välillä** kiva
hankkia itselleen uusi paita tai pari kenkiä!

Minulla oli **pitkä** työpäivä, ja minulla oli vihdoin omaa
aikaa, joten päätin mennä ostoksille ostoskeskukseen.
Tarvitsin uusia vaatteita **tulevaa** sesonkia varten. Heti
kun astuin sisään, näin kaikki kirkkaat valot ja kiiltävät
näyteikkunat. Suuntasin ensin suosikkiliikkeeseeni
ja aloin selata hyllyjä. Löysin muutaman söpön
topin ja sovitin niitä pukuhuoneessa. Kun katselin
itseäni peilistä, kuulin jonkun tulevan viereiseen
pukuhuoneeseen. Tunnistin hänen äänensä yhdeksi
työtoveristani. Tervehdimme ja aloimme jutella
työasioista. Muutaman minuutin kuluttua lopetimme
molemmat ja lähdimme **omille** teillemme, mutta
törmäsimme toisiimme myöhemmin uudelleen.
Jatkoimme juttelua ja huomasimme, että meillä oli
enemmän yhteistä kuin luulimme.

di acquirente, però, sembra che a tutti piaccia guardare le vetrine, anche se non si compra nulla. C'è qualcosa che mi rende felice nel guardare tutte le belle cose nelle **vetrine** dei negozi. A volte fantastico su come sarebbe se potessi permettermi **tutto quello che** vedo! Tutto sommato, trascorrere una giornata di shopping al centro commerciale è uno dei miei passatempi preferiti. È un ottimo modo per rilassarsi e distendersi, facendo anche un po' di esercizio fisico (se si cammina abbastanza). Inoltre, è **sempre** bello concedersi una camicia o un paio di scarpe nuove ogni tanto!

Ho avuto una **lunga** giornata di lavoro e finalmente avevo un po' di tempo per me, così ho deciso di andare a fare shopping al centro commerciale. Mi servivano dei vestiti nuovi per la **prossima** stagione. Appena sono entrata, ho visto tutte le luci e le vetrine scintillanti. Mi sono diretta prima al mio negozio preferito e ho iniziato a sfogliare gli scaffali. Ho trovato alcuni top carini e li ho provati nel camerino. Mentre mi guardavo allo specchio, sentii qualcuno entrare nel **camerino** accanto al mio. Ho riconosciuto la sua voce come quella di una mia collega. Ci siamo salutati e abbiamo iniziato a chiacchierare di lavoro. Dopo qualche minuto, entrambi abbiamo finito e siamo andati per la **nostra** strada, ma ci siamo incontrati di nuovo più tardi. Abbiamo continuato a chiacchierare e ci siamo resi conto di avere in comune più di quanto pensassimo.

Ymmärtämisen kysymykset

1. Missä säilytät tavaroita mieluiten?

2. Mikä on suosikkikauppasi ostoskeskuksessa?

3. Kuinka kauan yleensä viivyt ostoskeskuksessa?

4. Mitä mieltä olet ihmisistä, jotka viettävät paljon aikaa ostoskeskuksessa?

5. Mitä teet mieluiten ostoskeskuksessa?

6. Oletko koskaan ostanut jotain ostoskeskuksesta, vaikka et oikeasti tarvinnut sitä?

7. Miten reagoit, kun näet ostoskeskuksessa jotain, josta haluaisit todella pitää, mutta se on liian kallis?

8. Oletko koskaan nähnyt jotain ostoskeskuksessa ja miettinyt, kuka sen ostaisi?

9. Mitä mieltä olet ihmisistä, jotka ostoskeskuksessa keskittyvät kännyköihinsä sen sijaan, että katselisivat kauppoja?

10. Onko ostoskeskus mielestäsi hyvä paikka tavata ystäviä?

Domande di comprensione

1. Dove vi piace di più conservare?

2. Qual è il vostro negozio preferito nel centro commerciale?

3. Quanto tempo si ferma di solito al centro commerciale?

4. Cosa pensa delle persone che trascorrono molto tempo al centro commerciale?

5. Qual è la cosa che preferite fare al centro commerciale?

6. Avete mai comprato qualcosa al centro commerciale quando non ne avevate davvero bisogno?

7. Come reagite quando al centro commerciale vedete qualcosa che vi piacerebbe molto, ma che costa troppo?

8. Avete mai visto qualcosa al centro commerciale e vi siete chiesti chi lo avrebbe comprato?

9. Qual è la sua opinione sulle persone che al centro commerciale sono impegnate con il cellulare invece di guardare i negozi?

10. Pensi che il centro commerciale sia un buon posto per incontrarsi con gli amici?

Markkinoilla

Herään aikaisin lauantaiaamuna, koska haluan
päästä **markkinoille** ennen kuin siellä on liikaa
väkeä. Heitän päälleni vaatteet ja lähden ulos ovesta,
ja nappaan matkalla mukaani uudelleenkäytettävät
kassini. Kävellessäni alan suunnitella, mitä haluan
tehdä tulevalle viikolle. Tiedän, että haluan **paahtaa**
vihanneksia ainakin kerran, joten minun on ostettava
laadukkaita vihanneksia. Haluan myös tehdä keittoa
tai muhennosta, joten minun on hankittava myös lihaa.
Täytyy katsoa, mikä näyttää hyvältä, kun pääsen sinne.
Markkinat ovat vain muutaman korttelin päässä, ja näen
jo myyntikojujen pystytykset ja **ihmiset**.

Saavun torille ja menen suoraan vihannestiskille.
Valikoima on kaunis, ja täytän pussini erilaisilla **tuoreilla**
tuotteilla. Juttelen viljelijän kanssa vähän aikaa, ja hän
suosittelee minulle muutamia reseptejä. Olen innostunut
kokeilemaan niitä. Keskustelen **viljelijöiden** kanssa
ostosteni aikana, tutustun heihin ja heidän tuotteisiinsa.
Kun olen saanut kaikki tarvitsemani vihannekset, siirryn
lihaosastolle. Tässä kohtaa olen hieman epäröivä,
sillä en ole varma, mitä haluan ostaa. Päätän lopulta
valita kananlihan, koska se on monikäyttöistä ja sitä
voi käyttää monissa eri ruokalajeissa. Ostan myös
muutamia eri lihapaloja ja varmistan, että hankin

Al mercato

Mi sveglio presto il sabato mattina, desiderosa di andare al **mercato** prima che sia troppo affollato. Mi infilo i vestiti e mi avvio verso la porta, prendendo le mie borse riutilizzabili. Mentre cammino, inizio a pianificare quello che voglio fare per la settimana a venire. So che voglio **arrostire le** verdure almeno una volta, quindi dovrò comprare delle verdure di buona qualità. Voglio anche fare una zuppa o uno stufato, quindi dovrò comprare anche della carne. Dovrò vedere cosa c'è di buono quando arriverò lì. Il mercato è a pochi isolati di distanza e vedo già le bancarelle allestite e la **gente** che vi si aggira.

Arrivo al mercato e mi dirigo subito verso il banco delle verdure. La scelta è bellissima e riempio le mie borse con una grande varietà di prodotti **freschi**. Parlo un po' con il contadino e mi consiglia alcune ricette. Non vedo l'ora di provarle. Mentre faccio la spesa, chiacchiero con i **contadini** per conoscere meglio loro e i loro prodotti. Dopo aver preso tutte le verdure che mi servono, passo al reparto carne. Qui sono un po' più titubante, perché non sono sicuro di quello che voglio prendere. Alla fine scelgo il pollo, perché è versatile e può essere utilizzato in diversi piatti. Compro anche alcuni tagli di carne diversi, assicurandomi di prendere

ruohokasvatettua naudanlihaa ja vapaana kasvatettua **kanaa**. Lihakauppias oli ystävällinen mies, joka oli aina iloinen pitkistä työtunneista huolimatta. Hän paketoi kananrintani ja pihvini ennen kuin jutteli minulle viikonlopun suunnitelmistaan. Hyvästelin hänet ja jatkoin matkaani. Nappasin myös munia ja juustoa maitotuotteiden osastolta.

Markkinat olivat täynnä ihmisiä, jotka kaikki halusivat päästä **käsiksi tarjolla oleviin** tuoreisiin tuotteisiin ja lihaan. Ilmassa leijui valkosipulin ja sipulin tuoksu, ja naurun ja keskustelun äänet täyttivät ilman. Kuljin väkijoukon läpi ja valitsin muut tarvitsemani tavarat viikkokauppaostoksia varten. Täytin **korini** hedelmillä ja vihanneksilla, pastalla ja leivällä, ennen kuin suuntasin kassalle. Jono oli pitkä, mutta se eteni nopeasti. Lopulta viimeisetkin **ruokaostokset** oli ostettu, ja oli aika lähteä kotiin. Auto lastattiin täyteen, ja matka kotiin oli pitkä ja vaivalloinen. Liikenne oli vilkasta ja kuumuus ahdistava. Lopulta auto ajoi pihatielle, ja helpotus oli käsin kosketeltavissa. Talo oli viileä ja hiljainen, ja se oli turvapaikka torin **vilinän** jälkeen. Kaikki oli laitettu pois, ja pian talossa vallitsi taas tavanomainen rauha ja hiljaisuus. Minulla oli kaikki, mitä tarvitsin tehdäkseni **herkullisia** aterioita itselleni ja perheelleni. Oli hyvä olla kotona.

carne di manzo nutrita con erba e **pollo** allevato all'aperto. Il macellaio era un uomo cordiale, sempre allegro nonostante le lunghe ore di lavoro. Mi ha incartato i petti di pollo e la bistecca prima di parlarmi dei suoi programmi per il fine settimana. Lo salutai e proseguii per la mia strada. Ho preso anche delle uova e del formaggio dal reparto latticini.

Il mercato era pieno di gente, tutti desiderosi di mettere le **mani sui** prodotti freschi e sulla carne che venivano offerti. Nell'aria si sentiva l'odore dell'aglio e delle cipolle, e il suono delle risate e delle conversazioni riempiva l'aria. Mi feci strada tra la folla, scegliendo gli altri articoli necessari per la mia spesa settimanale. Riempii il mio **cestino** di frutta e verdura, pasta e pane, prima di dirigermi alla cassa. La fila era lunga, ma si snodava rapidamente. Finalmente gli ultimi acquisti furono fatti cd era ora di tornare a casa. L'auto fu caricata e il viaggio verso casa fu lungo e noioso. Il traffico era intenso e il caldo opprimente. Alla fine l'auto entrò nel vialetto e il sollievo fu palpabile. La casa era fresca e silenziosa ed era un rifugio dopo il **trambusto** del mercato. Tutto fu messo a posto e la casa tornò presto alla sua solita pace e tranquillità. Avevo tutto il necessario per preparare dei piatti **deliziosi** per me e per la mia famiglia. Era bello essere a casa.

Ymmärtämisen kysymykset

1. Minne henkilö on menossa?

2. Mitä henkilö haluaa ostaa?

3. Kuinka monta laukkua henkilöllä on?

4. Kuinka kaukana markkinat ovat?

5. Mitä henkilö tekee juuri nyt?

6. Mitä kaikkea markkinoilla on?

7. Kuinka monta ihmistä markkinoilla on?

8. Kauanko henkilöltä kesti ostaa kaikki?

9. Miten henkilö lähti kotiin?

10. Mitä henkilö teki kotiin päästyään?

Domande di comprensione

1. Dove sta andando la persona?

2. Cosa vuole comprare la persona?

3. Quante borse ha la persona?

4. Quanto è lontano il mercato?

5. Cosa sta facendo la persona in questo momento?

6. Che cos'è il mercato?

7. Quante persone ci sono nel mercato?

8. Quanto tempo ha impiegato la persona a comprare tutto?

9. Come è tornata a casa la persona?

10. Cosa ha fatto la persona quando è tornata a casa?

Kahvilassa

Oli kolea **syksyinen** aamu, ja olin sopinut tapaavani ystäväni Lilyn lempikahvilassamme kahvilla. Kääriydyin lämpimästi takkiin ja huiviin ja lähdin liikkeelle. Lehdet putoilivat puista, ja ilmassa oli pientä nipistelyä, mutta aurinko paistoi, ja päivästä oli luvassa kaunis. Käveliessäni **ajattelin,** miten hyvä oli, että minulla oli Lilyn kaltainen ystävä. Olimme olleet ystäviä jo vuosia, siitä asti kun tapasimme **yliopistossa**. Meitä yhdisti rakkaus kahviin ja kahviloissa jutteleminen. Vaikka asuimme nyt eri puolilla kaupunkia, tapasimme silti kerran viikossa kahvilla. Kun saavuin kahvilaan, Lily odotti minua jo siellä. Halasimme toisiamme tervehdykseen ja tilasimme sitten kahvit. Löysimme pöydän ikkunan vierestä ja istahdimme alas juttelemaan. **Kahvi** oli herkullista, kuten aina, ja oli niin mukava vaihtaa kuulumisia Lilyn kanssa. Puhuimme viikostamme, työstämme ja tulevaisuuden suunnitelmistamme. Lilyn kanssa oli aina niin helppo puhua, ja minusta tuntui, että voisin kertoa hänelle mitä tahansa. Jonkin ajan kuluttua meillä alkoi tulla nälkä ja **päätimme** tilata ruokaa.

Tilasimme ruokamme ja löysimme istumapaikan ikkunan ääreltä. Aurinko paistoi sisään ikkunasta, mikä sai kaiken tuntumaan lämpimältä ja iloiselta. Juttelimme

In un caffè

Era una fredda mattina **d'autunno** e avevo fissato
un appuntamento con la mia amica Lily al nostro bar
preferito per un caffè. Mi avvolsi al caldo nel cappotto e
nella sciarpa e mi avviai. Le foglie cadevano dagli alberi
e l'aria era pungente, ma il sole splendeva e prometteva
di essere una bella giornata. Mentre camminavo,
pensavo a quanto fosse bello avere un'amica come
Lily. Eravamo amiche da anni, da quando ci eravamo
conosciute all'**università**. Avevamo legato per il
nostro amore per il caffè e per il tempo trascorso a
chiacchierare nei bar. Anche se ora vivevamo in zone
diverse della città, riuscivamo comunque a vederci
per un caffè una volta alla settimana. Arrivai al caffè
e Lily era già lì ad aspettarmi. Ci salutammo con un
abbraccio e poi ordinammo i nostri caffè. Trovammo un
tavolo vicino alla finestra e ci sedemmo a chiacchierare.
Il **caffè** era delizioso, come sempre, ed è stato così
bello recuperare il tempo perduto con Lily. Parlammo
della nostra settimana, dei nostri lavori e dei nostri
progetti per il futuro. Era sempre così facile parlare con
Lily e mi sembrava di poterle dire tutto. Dopo un po'
cominciammo ad avere fame e **decidemmo** di ordinare
qualcosa da mangiare.

Ordinammo il cibo e trovammo posto vicino alla

ruokaa syödessämme ja nautimme yksinkertaisesta ilosta, kun olimme toistemme **seurassa**. Kahvilassa oli vilkasta, mutta se ei tuntunut ahtaalta. Ilmassa oli rauhan ja tyytyväisyyden tunne. Kun söimme ruokamme loppuun, istuimme vielä hetken nauttien rauhallisesta **ilmapiiristä**. Juttelimme jonkin aikaa erilaisista asioista, joita elämässämme oli tapahtunut. Oli niin mukavaa vaihtaa kuulumisia ystäväni kanssa ja vain **rentoutua**. Aurinko paistoi ikkunasta, ja tuntui, ettei **mikään** voinut pilata täydellistä päiväämme.

Yhtäkkiä kuulin kovan kolahduksen. Käännyin ympäri ja näin, että mies oli pudonnut katon läpi ja makasi lattialla edessämme. Hän oli pölyn ja roskien peit**ossa** ja näytti olevan tajuton. Ystäväni ja minä olimme molemmat shokissa, kun tuijotimme lattialla makaavaa miestä. Emme tienneet, mitä tehdä tai kenelle soittaa apua. Istuimme vain tuijottamassa häntä, emmekä tienneet, mitä tehdä. Muutaman minuutin kuluttua tajusin sen ja soitin hätänumeroon. Operaattori kertoi, että joku tulisi pian paikalle. Suljin puhelimen ja kerroin ystävälleni, mitä **operaattori** oli sanonut. Me molemmat vain istuimme siinä odottamassa, että apu saapuisi. Se tuntui ikuisuudelta, mutta lopulta ambulanssi tuli paikalle. Ensihoitajat ryntäsivät sisään ja alkoivat hoitaa miestä. He totesivat nopeasti, että hän oli loukkaantunut ja hänet oli vietävä **sairaalaan**.

finestra. Il sole entrava dalla finestra, rendendo tutto più caldo e felice. Chiacchierammo mentre mangiavamo, godendoci il semplice piacere di stare in **compagnia**. Il caffè era affollato, ma non sembrava affollato. C'era una sensazione di pace e soddisfazione nell'aria. Finito il cibo, ci sedemmo ancora per un po', godendoci l'**atmosfera** tranquilla. Abbiamo parlato per un po' di cose diverse che stavano accadendo nelle nostre vite. È stato così bello recuperare il tempo perduto con la mia amica e **rilassarsi**. Il sole splendeva attraverso la finestra e sembrava che **nulla** potesse rovinare la nostra giornata perfetta.

All'improvviso sentii un forte schianto. Mi girai e vidi che un uomo era caduto dal soffitto e giaceva sul pavimento di fronte a noi. Era **coperto** di polvere e detriti e sembrava privo di sensi. Io e il mio amico eravamo entrambi sotto shock mentre fissavamo l'uomo steso sul pavimento. Non sapevamo cosa fare o chi chiamare aiuto. Rimanemmo lì a fissarlo, senza sapere cosa fare. Dopo qualche minuto mi sono ripreso e ho chiamato il 911. L'operatore mi disse che qualcuno sarebbe arrivato presto. Riattaccai il telefono e raccontai al mio amico quello che mi aveva detto l'**operatore**. Rimanemmo entrambe sedute ad aspettare l'arrivo dei soccorsi. Sembrava un'eternità, ma alla fine **arrivò** un'ambulanza. I paramedici si precipitarono e iniziarono a lavorare sull'uomo. Hanno subito stabilito che era ferito e che doveva essere portato in **ospedale**.

Ymmärtämisen kysymykset

1. Mistä katolta putoava mies tulee?

2. Miksi nainen on ystävänsä kanssa kahvilassa?

3. Mikä on kahden ystävän suosikkikahvila?

4. Kuinka kauan ystävät ovat tunteneet toisensa?

5. Mikä on kahden ystävän lempijuoma?

6. Missä kaupungissa nämä kaksi ystävää asuvat?

7. Kuinka usein nämä kaksi ystävää tapaavat?

8. Mistä nämä kaksi ystävää puhuvat, kun he tapaavat ensimmäisen kerran lempikahvilassaan?

9. Mikä on näiden kahden ystävän lempiruoka?

10. Miksi Lilyn kanssa on niin helppo puhua?

Domande di comprensione

1. Da dove viene l'uomo che cade dal tetto?

2. Perché la donna è con la sua amica nel caffè?

3. Qual è il caffè preferito dai due amici?

4. Da quanto tempo i due amici si conoscono?

5. Qual è la bevanda preferita dai due amici?

6. In quale città vivono i due amici?

7. Quanto spesso si incontrano i due amici?

8. Di cosa parlano i due amici quando si incontrano per la prima volta nel loro caffè preferito?

9. Qual è il cibo preferito dai due amici?

10. Perché è così facile parlare con Lily?

Uimaan meno

Uima-allas oli aina **virkistävä** paikka, eikä tänäänkään
ollut toisin. Aurinko paistoi ja vesi näytti houkuttelevalta.
Vedin syvään henkeä ja sukelsin sisään, tuntien veden
viileän syleilyn. Uin kierroksia jonkin aikaa nauttien
liikunnasta ja mahdollisuudesta puhdistaa pääni.
Jonkin ajan kuluttua nousin ulos ja kuivasin itseni, sitten
istahdin pyyhkeelle rentoutumaan auringossa. Suljin
silmäni ja annoin **lämmön** huuhtoutua päälleni ja tunsin,
kuinka lihakseni alkoivat rentoutua. Yhtäkkiä kuulin
roiskeita ja avasin silmäni nähdäkseni pikkusiskoni
melomassa matalassa päässä. Hymyilin ja katselin
häntä hetken, nousin sitten ylös ja kävelin hänen
luokseen. Juttelimme hetken ja meloimme yhdessä
nauttien toistemme seurasta. Pian vanhempamme
liittyivät seuraamme, ja vietimme loppuiltapäivän uiden
ja leikkien yhdessä. Oli aina niin mukavaa viettää aikaa
perheen kanssa uima-altaalla. Vedessä olemisessa on
jotakin sellaista, joka vain tuntuu kokoavan ihmiset
yhteen. Ehkä se johtuu siitä, että vedessä olemme
kaikki samanarvoisia - emme voi piilotella puutteita
tai teeskennellä olevamme jotain, mitä emme ole. Tai
ehkä se johtuu vain siitä, että se on hauskaa! Oli syy
mikä tahansa, olin vain iloinen siitä, että saimme kaikki
kokoontua yhteen ja nauttia toistemme seurasta näin
erityisessä paikassa.

Andare a nuotare

La piscina era sempre un luogo **rinfrescante** e oggi non era diverso. Il sole splendeva e l'acqua sembrava invitante. Feci un respiro profondo e mi tuffai, sentendo il fresco abbraccio dell'acqua. Nuotai per un po', godendomi l'esercizio e la possibilità di schiarirmi le idee. Dopo un po' uscii e mi asciugai, poi mi sedetti su un asciugamano per rilassarmi al sole. Chiusi gli occhi e lasciai che il **calore** mi avvolgesse, sentendo i miei muscoli iniziare a rilassarsi. All'improvviso sentii uno spruzzo e aprii gli occhi per vedere la mia sorellina **che sguazzava** nel basso fondale. Sorrisi e la osservai per un po', poi mi alzai e mi avvicinai a lei. Chiacchierammo per un po' e pagaiarono insieme, godendo della reciproca compagnia. Presto i nostri genitori ci raggiunsero e passammo il resto del pomeriggio nuotando e giocando insieme. Era sempre così bello passare del tempo con la famiglia in piscina. C'è **qualcosa** nello stare in acqua che sembra unire le persone. Forse perché quando siamo in acqua siamo tutti uguali, non possiamo nascondere i nostri difetti o fingere di essere ciò che non siamo. O forse è solo perché è divertente! **Qualunque sia** la ragione, mi ha fatto piacere che ci siamo riuniti tutti insieme e che ci siamo goduti la reciproca compagnia in un luogo così speciale.

Aurinko paistoi iholleni, ja ilmassa oli kloorin haju. Kuulin lasten naurun ja roiskumisen äänet altaassa. Makasin altaan vieressä olevalla aurinkotuolilla, nautin auringosta ja **nautin** päivästä. Minulla oli silmät kiinni ja olin juuri vaipumaisillaan uneen, kun kuulin jonkun kävelevän luokseni. Avasin silmäni ja näin naisen seisovan vieressäni. Hänellä oli yllään bikinit ja pyyhe kietoutuneena vyötärönsä ympärille. Hänellä oli pitkät vaaleat hiukset ja siniset silmät. Hänellä oli kädessään **aurinkorasvapullo.** "Haittaako, jos laitan aurinkovoidetta selkääsi?" hän kysyi. "Ei, ei se haittaa", sanoin ja istahdin ylös, jotta hän yltäisi selkääni. Tunsin hänen kätensä ihollani, kun hän levitti aurinkovoidetta.

Hänen kosketuksensa oli lempeä, ja aurinkovoiteen tuoksu rauhoitti. Suljin taas silmäni ja annoin itseni rentoutua. Kuulin hänen liikkumisensa äänen, mutta en avannut silmiäni. Tyydyin vain makaamaan auringossa ja kuuntelemaan rantaan törmäävien aaltojen ääntä. Muutaman minuutin kuluttua hän käveli pois, ja avasin silmäni. Seurasin häntä, kun hän käveli takaisin lepotuoliinsa ja otti kirjansa käteensä. Hän asettui tuoliin ja alkoi lukea. Suljin taas silmäni ja annoin itseni vaipua uneen. **Näin unta,** että uin uima-altaassa ja tein kierroksia edestakaisin. Vesi oli virkistävää ja viileää ihollani.

Il sole batteva sulla mia pelle e l'odore di cloro era nell'aria. Sentivo il rumore dei bambini che ridevano e sguazzavano nella piscina. Ero sdraiata su una sedia a **sdraio** accanto alla piscina, a prendere il sole e a **godermi la** giornata. Avevo gli occhi chiusi e stavo per addormentarmi quando sentii qualcuno avvicinarsi a me. Aprii gli occhi e vidi una donna in piedi accanto a me. Indossava un bikini e aveva un asciugamano avvolto intorno alla vita. Aveva lunghi capelli biondi e occhi azzurri. Aveva in mano un flacone di **crema solare**. "Ti dispiace se ti metto un po' di crema solare sulla schiena?", mi chiese. "No, va bene", risposi, sedendomi in modo che potesse raggiungermi la schiena. Sentii le sue mani sulla mia pelle mentre applicava la crema solare.

Il suo tocco era delicato e il profumo della crema solare era rilassante. Chiusi di nuovo gli occhi e mi rilassai. Sentivo il **rumore** dei suoi movimenti, ma non aprii gli occhi. Mi accontentai di stare sdraiato al sole, ascoltando il rumore delle onde **che si infrangevano** sulla riva. Dopo qualche minuto si allontanò e io aprii gli occhi. La guardai mentre tornava alla sua poltrona e prendeva il suo libro. Si sistemò sulla sedia e iniziò a leggere. Chiusi di nuovo gli occhi e mi lasciai andare al sonno. **Sognai** che stavo nuotando in piscina, facendo dei giri avanti e indietro. L'acqua era rinfrescante e fresca sulla mia pelle.

Ymmärtämisen kysymykset

1. Missä kertoja oli kertomuksen alkaessa?

2. Mitä kertoja haistaa avatessaan silmänsä?

3. Mitä kertoja kuulee avatessaan silmänsä?

4. Kenen aurinkovoidetta nainen antaa kertojalle?

5. Mistä kertoja näkee unta?

6. Miksi meressä uiminen on kertojalle niin erityistä?

7.Miltä tuntuu vesi, jossa kertoja ui?

8. Mitä kertoja näkee, kun hän nousee vedestä?

9. Mitä nainen tekee sen jälkeen, kun hän on laittanut aurinkovoidetta kertojalle?

10. Missä kertoja ja nainen puhuvat tarinan lopussa?

Domande di comprensione

1. Dove si trovava il narratore quando ha iniziato la storia?

2. Che odore sente il narratore quando apre gli occhi?

3. Cosa sente il narratore quando apre gli occhi?

4. Di chi è la crema solare che la donna dà al narratore?

5. Che cosa sogna il narratore?

6. Perché il bagno in mare è così speciale per il narratore?

7.Come si sente l'acqua in cui nuota il narratore?

8. Cosa vede il narratore quando esce dall'acqua?

9. Cosa fa la donna dopo aver messo la crema solare al narratore?

10. Di che cosa parlano il narratore e la donna alla fine della storia?

Nurmikon leikkuu

Kello on kymmenen aamulla **kesälauantaina,** ja aurinko paahtaa jo armottomasti. Kävelet autotalliin hakemaan ruohonleikkuria ja tunnet olevasi **tuomittu** pakkotyöhön. Aloitat nurmikonleikkuun ja pidät huolen siitä, että leikkaat hitaasti, ettet missaa yhtään kohtaa. Leikatessasi mietit, miten hyvältä tuntuu olla ulkona raikkaassa ilmassa. Kun alat työntää ruohonleikkuria edestakaisin nurmikolla, näet **silmäkulmastasi** naapurin. Vilkutat ja tervehdit, ja hän vilkuttaa takaisin.

Muutaman minuutin kuluttua olet valmis, ja menet naapurin talolle juomaan olutta hänen kanssaan etupihalla. On **täydellinen** päivä - ei liian kuuma, ja kevyt tuuli puhaltaa. Istut puun varjossa, siemailet olutta ja juttelet naapurisi kanssa. Tällaiset päivät saavat arvostamaan kesäaikaa. Sitten **suuntaat** sisälle ansaitulle oluelle. Lysähdät tuolille kuistille, avaat tölkin ja huokaat tyytyväisenä. Ruohonleikkurin ääni häipyy taustalle, kun rentoudut varjossa ja nautit hetken **rauhasta.** Olut maistuu erityisen hyvältä kaiken sen kovan työn jälkeen kuumuudessa. Olin juuri lähdössä sisälle, kun kuulin melua naapurista.

Se kuulosti siltä kuin joku olisi itkenyt. Lopetin leikkuun ja kävelin pihojamme erottavan aidan luo. Kurkistin

Tagliare il prato

Sono le 10 del mattino di un **sabato** estivo e il sole picchia già senza pietà. Si va in garage a prendere il tosaerba, con la sensazione di essere **condannati** ai lavori forzati. Iniziate a tagliare il prato, facendo attenzione ad andare piano per non perdere nessun punto. Mentre si taglia, si pensa a quanto sia bello stare all'aria aperta. Mentre iniziate a spingere il tosaerba avanti e indietro per il prato, con la coda dell'**occhio** vedete il vostro vicino. Lo salutate con la mano e lui ricambia.

Dopo qualche minuto, avete finito e vi recate a casa del vostro vicino per bere una birra con lui nel giardino davanti a casa. È una giornata **perfetta**: non fa troppo caldo e soffia una leggera brezza. Ci si siede all'ombra dell'albero, sorseggiando la birra e chiacchierando con il vicino. Sono giornate come questa che fanno apprezzare l'estate. Poi si **entra** in casa per una meritata birra. Ci si sdraia su una sedia del portico e si apre la lattina, tirando un sospiro soddisfatto. Il rumore del tosaerba passa in secondo piano mentre vi rilassate all'ombra, godendovi la **tranquillità del** momento. La birra ha un sapore ancora più buono dopo tutto quel duro lavoro al caldo. Stavo per rientrare in casa quando ho sentito un rumore nella stanza accanto.

yli ja näin naapurini, rouva Johnsonin, itkevän kuistikeinussaan. Huusin häntä, mutta hän ei kuullut minua. Kiipesin aidan yli ja kävelin hänen luokseen. "Rouva Johnson, oletteko kunnossa?" Kysyin. Hän katsoi minua kyyneleet silmissään ja pudisti päätään. "Ei, en ole kunnossa", hän sanoi. "Kissani kuoli eilen." Olin järkyttynyt. En tiennyt, mitä sanoa. Seisoin vain kömpelösti, enkä tiennyt, mitä tehdä. Lopulta laitoin käteni hänen **olkapäälleen** ja sanoin: "Olen niin pahoillani, rouva Johnson. Jos voin jotenkin auttaa, kertokaa minulle. " Hän pudisti päätään ja sanoi: "Ei, kukaan ei voi tehdä **mitään.**" Sitten hän nousi ylös ja meni sisälle taloonsa. Seisoin siinä hetken tietämättä, mitä tehdä. Sitten palasin leikkaamaan nurmikkoa. Kun olin lopettanut, en voinut olla ajattelematta rouva Johnsonia ja hänen kissaansa.

Sembrava che qualcuno stesse piangendo. Smisi di falciare e mi avvicinai alla recinzione che separava i nostri cortili. Mi affacciai e vidi la mia vicina, la signora Johnson, che piangeva sul dondolo del suo portico. La chiamai, ma non mi sentì. Scavalcai la recinzione e mi avvicinai a lei. "Signora Johnson, sta bene?". Le chiesi. Lei mi guardò con le lacrime agli occhi e scosse la testa. "No, non sto bene", disse. "Ieri è morto il mio gatto". Ero scioccato. Non sapevo cosa dire. Rimasi lì impacciato, senza sapere cosa fare. Alla fine le misi una mano sulla **spalla** e dissi: "Mi dispiace molto, signora Johnson. Se posso fare qualcosa per aiutarla, me lo faccia sapere". "Lei scosse la testa e disse: "No, nessuno può fare **niente**". Poi si alzò ed entrò in casa sua. Rimasi lì per un momento, senza sapere cosa fare. Poi tornai a tagliare il prato. Mentre finivo, non potei fare a meno di pensare alla signora Johnson e al suo gatto.

Ymmärtämisen kysymykset

1. Mitä kello on?

2. Missä henkilö leikkaa?

3. Miltä henkilöstä tuntuu?

4. Miksi henkilön on leikattava hitaasti?

5. Millainen sää on?

6. Mitä henkilö tekee niiton jälkeen?

7. Mitä henkilö kuulee ennen kotiinlähtöä?

8. Kuka on rouva Johnsonin kanssa?

9. Miksi rouva Johnson itkee?

10. Mitä henkilö sanoo rouva Johnsonille?

Domande di comprensione

1. Che ora è?

2. Dove si trova la persona che sta falciando?

3. Come si sente la persona?

4. Perché la persona deve falciare lentamente?

5. Che tempo fa?

6. Cosa fa la persona dopo la falciatura?

7. Cosa sente la persona prima di tornare a casa?

8. Chi è con la signora Johnson?

9. Perché la signora Johnson piange?

10. Cosa dice la persona alla signora Johnson?

Hiustenleikkaus

Olin aikonut käydä kampaajalla jo viikkoja, mutta jotenkin aina onnistunut lykkäämään sitä. Mutta **joulun** ollessa aivan nurkan takana tiesin, etten voisi enää lykätä sitä. En halunnut ilmestyä perheeni jouluillalliselle rähjäisen näköisenä. Niinpä aikaisin jouluaamuna lähdin kampaamoon. Vaikka oli aikaista, kampaamo oli jo täynnä muita ihmisiä, jotka **olivat menossa** kampaajalle joulun kunniaksi. Otin paikkani jonossa ja odotin vuoroani. Lopulta oli minun vuoroni tuolissa. Stylisti, ystävällinen nainen nimeltä Jill, kysyi minulta, mitä haluan. "Vain trimmauksen, ei mitään liian rajua", vastasin. Jill ryhtyi töihin ja leikkasi hiuksiani. Työskennellessäni aloin rentoutua. Tuntui hyvältä, että vihdoin pidin huolta itsestäni. Olin viime aikoina ollut niin kiireinen, juossut ympäriinsä huolehtimassa kaikista muista, että olin antanut omien tarpeideni jäädä taka-alalle. Mutta ei **enää**. Tästä lähtien aioin varata aikaa itselleni.

Kun Jill oli valmis, katsoin peiliin ja olin tyytyväinen näkemääni. Hiukseni näyttivät siistiltä ja kiillotetuilta - täydelliset juhlapäiviä varten. **Kiitin** Jilliä ja **muistin** tulla useammin. Tästä lähtien pidän huolta ennen kaikkea itsestäni. Hän ryhtyi hiuksiani leikkaamaan. Ajattelin, kuinka kiitollinen olin siitä, että olin vihdoin päässyt

Tagliarsi i capelli

Erano settimane che volevo tagliarmi i capelli, ma
in qualche modo riuscivo sempre a rimandare. Ma
con il **Natale** alle porte, sapevo che non potevo più
rimandare. Non volevo presentarmi alla cena di Natale
della mia famiglia con un aspetto trasandato. Così,
la mattina presto di Natale, mi sono recata al salone.
Anche se era presto, il salone era già pieno di persone
che **si facevano** fare i capelli per le feste. Presi posto
nella fila e aspettai il mio turno. Finalmente arrivò il
mio turno sulla poltrona. La parrucchiera, una donna
gentile di nome Jill, mi chiese cosa volessi. "Solo una
spuntatina, niente di troppo drastico", risposi. Jill si
mise al lavoro, tagliando i miei capelli. Mentre lavorava,
cominciai a rilassarmi. Mi sentivo bene a prendermi
finalmente cura di me stessa. Ultimamente ero stata
così occupata a correre in giro per prendermi cura di
tutti gli altri, che avevo lasciato cadere in secondo piano
i miei bisogni. Ma **ora** non **più**. D'ora in poi avrei trovato
il tempo per me stessa.

Quando Jill ha finito, mi sono guardata allo specchio
e sono rimasta soddisfatta di ciò che ho visto. I miei
capelli avevano un aspetto ordinato e curato, perfetto
per le feste. **Ringraziai** Jill e presi **nota** di tornare
più spesso. D'ora in poi mi prenderò cura di me

leikkauttamaan hiukseni. Tuntui hyvältä tietää, että näyttäisin edustuskelpoiselta **jouluillallisella**. Enää minun ei tarvitsisi huolehtia siitä, että perheeni kiusaisi minua "rähjäisestä" ulkonäöstäni. Muutaman minuutin kuluttua kampaaja oli saanut hiukseni leikattua ja föönasi ne nopeasti. Katsoin peiliin ja olin tyytyväinen näkemääni - siististi leikattu ulkonäkö, joka sopisi täydellisesti jouluillalliselle. Nyt kun hiustenleikkaus oli ohi, voisin keskittyä nauttimaan joulusta perheeni kanssa. Ja olin siitä entistäkin kiitollisempi.

Se tuntui niin **vapauttavalta**, ja rakastin sitä, miltä uusi hiustenleikkaukseni näytti. Kun olin maksanut kampaukseni, menin kotiin ja aloin pakata matkalle. **En malttanut** odottaa, että pääsin esittelemään uutta ulkonäköäni perheelleni ja ystävilleni. Tiesin, että he olisivat yllättyneitä nähdessään minut. Lentopäivänä saavuin lentokentälle hyvissä ajoin. Kuljin turvatarkastuksen läpi ongelmitta, ja pian olin jo matkalla. Heti kun saavuin määränpäähäni, tunsin jännityksen ilmassa. Joulu oli todellakin ilmassa! Perheeni oli tervehtimässä minua lentokentällä, ja he kaikki olivat ihmeissään uudesta kampauksestani. Vietimme seuraavat päivät **vaihtaen kuulumisia** ja nauttien toistemme **seurasta**.

stessa prima di tutto. Si mise al lavoro per tagliare i miei capelli. Pensai a quanto fossi grata di essermi finalmente decisa a tagliarmi i capelli. Era bello sapere che sarei stata presentabile per la **cena** di Natale. Non avrei più dovuto preoccuparmi che la mia famiglia mi prendesse in giro per il mio aspetto "trasandato". Dopo qualche minuto, la parrucchiera finì di tagliarmi i capelli e mi diede una rapida asciugata. Mi guardai allo specchio e fui felice di ciò che vedevo: un look pulito che sarebbe stato perfetto per la cena di Natale. Ora che il taglio di capelli era stato superato, potevo concentrarmi sulle vacanze con la mia famiglia. Ed ero ancora più grata per questo.

Mi sentivo così **libera** e adoravo l'aspetto del mio nuovo taglio di capelli. Dopo aver pagato il taglio, sono tornata a casa e ho iniziato a fare i bagagli per il mio viaggio. **Non** vedevo l'ora di mostrare il mio nuovo look alla mia famiglia e ai miei amici. Sapevo che sarebbero rimasti sorpresi quando mi avrebbero visto. Il giorno del volo sono arrivata all'aeroporto con molto tempo a disposizione. Ho superato i controlli di sicurezza senza problemi e presto sono partita. Non appena arrivai a destinazione, sentii l'eccitazione nell'aria. Il Natale era decisamente nell'aria! La mia famiglia era lì ad accogliermi all'aeroporto ed erano tutti stupiti del mio nuovo taglio di capelli. Abbiamo trascorso i giorni successivi a **chiacchierare** e a goderci la reciproca **compagnia**.

Ymmärtämisen kysymykset

1. Mitä päähenkilön piti tehdä ennen joulua?

2. Miten päähenkilö suhtautui itsestään huolehtimiseen?

3. Kuka leikkasi päähenkilön hiukset?

4. Miksi päähenkilön perhe kiusasi häntä?

5. Miltä päähenkilöstä tuntui kampauksen jälkeen?

6. Mitä päähenkilö teki kampauksen jälkeen?

7. Miten päähenkilön perhe reagoi hänen hiustenleikkaukseensa?

8. Mitä päähenkilö teki jouluaattona?

9. Mikä teki päähenkilön kokemuksesta erityisen?

10. Mitä tapahtuisi, jos päähenkilö ei leikkauttaisi hiuksiaan?

Domande di comprensione

1. Che cosa doveva fare il protagonista prima di Natale?

2. Come si è sentita la protagonista nel prendersi cura di sé?

3. Chi ha tagliato i capelli al protagonista?

4. Perché la famiglia della protagonista la prendeva in giro?

5. Come si è sentita la protagonista dopo essersi tagliata i capelli?

6. Che cosa ha fatto la protagonista dopo essersi tagliata i capelli?

7. Qual è stata la reazione della famiglia della protagonista al suo taglio di capelli?

8. Che cosa ha fatto il protagonista la vigilia di Natale?

9. Cosa ha reso più speciale l'esperienza del protagonista?

10. Cosa succederebbe se il protagonista non si tagliasse i capelli?

Puisto

Aurinko oli laskemassa, ja puisto oli tyhjä. Istuin penkillä odottamassa **ystävääni**. Meidän oli tarkoitus tavata täällä tunti sitten, mutta hän oli aina myöhässä. Juuri kun olin luovuttamassa ja menossa kotiin, näin hänen juoksevan minua kohti. "Olen niin pahoillani", hän huohotti päästyään penkille. "Junani oli **myöhässä.**" "Ei se mitään", sanoin **anteeksiantavasti**. "Tulin juuri itse tänne." Istuimme alas ja juttelimme jonkin aikaa, ja kerroimme toistemme elämästä sitten viime tapaamisemme. Keskustelu sujui **helposti**, ja tuntui kuin aikaa ei olisi kulunut lainkaan siitä, kun viimeksi näimme toisemme. Auringon laskiessa hyvästelimme ja lähdimme omille teillemme. Seuraavan kerran tapasimme eri puistossa. Hän oli taas myöhässä, mutta minua ei haitannut. Oli mukavaa, että oli joku, jonka kanssa puhua ja joka **ymmärsi** minua. Puhuimme unelmistamme ja **toiveistamme**, asioista, joita halusimme tehdä elämällämme. Hän kertoi minulle suunnitelmistaan matkustaa ympäri maailmaa, ja minä kerroin unelmastani tulla kirjailijaksi. Auringon laskiessa jälleen, hyvästelimme jälleen kerran ja lupasimme pitää yhteyttä tällä kertaa.

Vuodet kuluivat, ja **ystävyytemme** säilyi vahvana, vaikka asuimme nyt eri puolilla maata. Pidimme yhteyttä

Il parco

Il sole stava tramontando e il parco era vuoto. Mi sedetti sulla panchina ad aspettare la mia **amica**. Avevamo programmato di incontrarci qui un'ora fa, ma lei era sempre in ritardo. Proprio quando stavo per arrendermi e tornare a casa, la vidi correre verso di me. "Mi dispiace tanto", ansimò quando raggiunse la panchina. "Il mio treno è **in ritardo**". "Non c'è problema", dissi **con indulgenza**. "Sono appena arrivato anch'io".
Ci siamo seduti e abbiamo chiacchierato per un po', aggiornandoci sulle nostre vite dall'ultima volta che ci siamo visti. La conversazione è fluita **facilmente** e ci è sembrato che non fosse passato affatto del tempo dall'ultima volta che ci siamo visti. Al tramonto ci siamo salutati c abbiamo preso strade diverse. La volta successiva ci incontrammo in un altro parco. Anche in questo caso era in ritardo, ma non mi dispiaceva. Era bello avere qualcuno con cui parlare che mi **capisse**. Parlammo dei nostri sogni e delle nostre **aspirazioni**, delle cose che volevamo fare nella nostra vita. Lei mi parlò dei suoi progetti di viaggiare per il mondo e io le confidai il mio sogno di diventare scrittrice. Al tramonto di un altro giorno, ci siamo salutate ancora una volta, promettendo di tenerci in contatto questa volta.

Gli anni sono passati e la nostra **amicizia** è rimasta

kirjeiden ja satunnaisten puhelinsoittojen välityksellä ja jaoimme toisillemme kuulumisia elämästämme. Kun hän ilmoitti menevänsä naimisiin, en ollut **yllättynyt** - hän oli aina ollut **seikkailunhaluinen** tyyppi. Mutta kun hän kysyi minulta, olisinko hänen morsiusneitonsa hääseremoniassaan, joka järjestetään toisella puolella maailmaa asuinpaikastani... se vaati vakuuttamista! Lopulta en kuitenkaan voinut antaa parhaan ystäväni mennä naimisiin ilman minua vierellään, joten peloistani huolimatta (ja hänen aneltuaan sitä kovasti!) **suostuin lähtemään** mukaan siihen, mikä osoittautui elämäni **seikkailuksi**.

Hääpäivä koitti vihdoin. Minua jännitti, mutta olin innoissani saadessani olla mukana näin tärkeässä hetkessä ystäväni elämässä. Seremonia oli kaunis, ja hän näytti onnelliselta vannoessaan valansa. **Sen jälkeen** juhlimme suurissa juhlissa - tuntui siltä, että kaikki hänen tuttunsa olivat tulleet juhlimaan hänen kanssaan! Se oli **maaginen** päivä, jota en koskaan unohda, ja ystävyytemme vain vahvistui tuon seikkailun jälkeen. Nyt, vuosia myöhemmin, pidämme edelleen yhteyttä. Olemme molemmat **muuttuneet** paljon siitä, kun tapasimme ensimmäisen kerran, mutta ystävyytemme on yhtä vahva kuin ennenkin. Aina kun tapaamme - olipa se sitten puistossa tai **toisella puolella maailmaa** - tuntuu kuin aikaa ei olisi kulunut lainkaan.

forte, anche se ora viviamo in zone diverse del Paese. Ci siamo tenute in contatto tramite lettere e telefonate occasionali, condividendo le notizie della nostra vita. Quando annunciò che si sarebbe sposata, non ne fui **sorpreso**: era sempre stata un tipo **avventuroso**. Ma quando mi ha chiesto di farle da damigella d'onore alla cerimonia di matrimonio che si sarebbe svolta a metà strada dal luogo in cui vivevo... c'è voluto un po' per convincerla! Alla fine, però, non potevo permettere che la mia migliore amica si sposasse senza di me al suo fianco, così, nonostante le mie paure (e dopo molte suppliche da parte sua!), ho **accettato** di partecipare a quella che si è rivelata l'**avventura** di una vita.

Finalmente è arrivato il giorno del **matrimonio**. Ero nervosa, ma entusiasta di partecipare a un momento così importante della vita della mia amica. La cerimonia è stata bellissima e lei sembrava felice mentre pronunciava le sue promesse. **Dopo**, abbiamo festeggiato con una grande festa: sembrava che tutti i suoi conoscenti fossero venuti a festeggiare con lei! È stato un giorno **magico** che non dimenticherò mai, e la nostra amicizia si è rafforzata dopo quell'avventura. Ora, a distanza di anni, ci teniamo ancora in contatto. Siamo **cambiate** molto da quando ci siamo conosciute, ma la nostra amicizia è più forte che mai. Ogni volta che ci incontriamo, che sia in un parco o **dall'altra parte del** mondo, sembra che il tempo non sia mai passato.

Ymmärtämisen kysymykset

1. Missä kirjailija ja hänen ystävänsä tapasivat ensimmäisen kerran?

2. Miksi kirjailijan ystävä myöhästyi tapaamisesta?

3. Mistä ystävät puhuivat, kun he tapasivat uudelleen vuosia myöhemmin?

4. Miltä kirjailijasta tuntui osallistua ystävänsä hääjuhlaan?

5. Kuvaile hääseremonian puitteita.

6. Miten näiden kahden naisen välinen ystävyys on muuttunut ajan myötä?

7. Mikä on kirjailijan unelma?

8. Minne kirjailijan ystävä aikoo matkustaa?

9. Miksi kirjailija epäröi osallistua ystävänsä hääjuhlaan?

Domande di comprensione

1. Dove si sono incontrati per la prima volta l'autrice e la sua amica?

2. Perché l'amico dell'autore è arrivato in ritardo all'incontro?

3. Di che cosa hanno parlato gli amici quando si sono rivisti anni dopo?

4. Come si è sentita l'autrice ad assistere alla cerimonia di matrimonio della sua amica?

5. Descrivete l'ambientazione della cerimonia nuziale.

6. Come è cambiata l'amicizia tra le due donne nel corso del tempo?

7. Qual è il sogno dell'autore?

8. Dove intende viaggiare l'amico dell'autore?

9. Perché l'autrice esitava a partecipare alla cerimonia di matrimonio della sua amica?